AQUARIUS

AQUARIUS

AQUARIUS

AQUARIUS

Vision

一些人物，
一些視野，
一些觀點，
與一個全新的遠景！

邊緣人格

以愛為名的控制，被恐懼綁架的人生

李訓維 諮商心理師

自序

永不停止的焦慮

當焦慮來臨時，世界充滿張牙舞爪的怪物

恐懼，是幼兒時期我們所遇到的第一件大事，成人後，卻成為我們很少談論到的情緒。它看似強烈，同時也反映出人脆弱的一面，在我們的文化中並不是一個能被接受的詞。我們傾向於不表達心裡的脆弱，而是身體的病痛，所以漸漸地，恐懼被我們悄悄地轉變，變成我們能接受的「擔心」和「焦慮」。這也是我所看到的，人世間最令人心疼的人生樣貌。

「每一天，都有好多的事情值得焦慮和擔心：工作環境不佳、職場上的人際衝突、自己的健康問題、親密伴侶關係的失去、別人看似沒有意義的談話與交流內容……對我來說，這些都會變成永無止境的焦慮，讓我擔心不好的事情會發生。這些焦慮、擔心平常不會發生，但若是有任何風吹草動，讓它變得『可能發生』，我會期待能把它控制在手裡——用自我傷害的方式，對付可能會離開我的另一半；用情緒勒索，控制想要自己空間的孩子；減少去陌生地方；一直吃熟悉的食物；做規律性的儀式動作等。面對這個張牙舞爪的世界，我每天都不由自主地全身緊繃、煩惱，甚至因為無法控制場面而憂鬱、難過。這些事情沒有所謂喜歡或不喜歡，因為我確信這個世界就是這樣——孤獨、危險，一點都不安全。」

這段文字所描述的這些辛苦的人們，我後來知道他們有個專業名詞：邊緣型人格疾患（Borderline Personal Disorder，簡稱ＢＰＤ）。

在我開始諮商工作前，還在受訓實習階段時，「人格疾患」還很少人談論，雖然在書上看過資訊，但那時甚至還有人不知道邊緣人格到底包含哪些症狀。不過，令人訝異的是，所有碰過這類型人格疾患的人，都說他們對專業助人者來說，是不容易治療的對象，甚至很難幫助他們。即使有天真的碰到了，個案往往欲言又止，很難講清楚，讓人一頭霧水。

一開始，我並不知道這些事情代表的是什麼，直到我開始諮商工作，真正深刻地接觸到這些人事物之後，我才發現一個共同的議題：其實我們並不了解他們。很多關於邊緣人格的描述，都是書本上的知識，甚至是一些傳說般、口耳相傳的故事。

我在書裡面所看到的他們，充滿了很多的負面線索和診斷標準，所有我聽到、看到的內容，都是以「專業知識」的面向去解讀，有點理性，有點冷漠，再加上一些認為這種人是「患者」的想法。我們很難去了解他們生活中的困難與挫折，只想著要好好地

「治療」他們，而不是嘗試提供他們真正需要的協助。

這樣的覺察與反思，讓我深刻驚覺，所謂的「專業」，反而讓我遠離了我想要幫助的人群、想要投入的助人事業，特別是這類「不討喜的人格疾患」。因此，我開始在自己的接案經驗中觀察：符合邊緣型人格疾患診斷的人，到底他跟我們有什麼不同？為什麼這個不同會讓我們給他們一個診斷指標，而不只是被看成一般的適應問題？

在生活中看到的真實樣貌

非常令人訝異地，我發現生活周遭充斥著這個族群的夥伴，他們有著很多不同的樣貌，複雜到常常讓人搞不清楚他們真正的樣子……

在親密關係中，他可能是一個容易不安、自我中心且具掌控欲的伴侶。在工作中，他可能會是一個挑剔而在乎細節的老闆或同事。在家裡，她可能是既愛撒嬌又孩子氣，任性、情緒容易起伏變化，有諸多要求，又想黏著孩子的母親。在朋友圈，他可能是一個沒有界線，不停在不同圈子中大談生活委屈的抱怨者。而若在不熟悉的環境中，他又反而會是一個默不作聲，有點畏縮、膽小，沒存在感的人。

在我投入邊緣型人格疾患的相關專業研究領域後，前後在臺灣看到了幾本類似的書籍，但依然沒有跳脫出專業者的敘述與框架。為這類型的人發聲的相當少，仍然都是從病理的角度去書寫。而我身旁這些活生生的例子告訴我。不要再用書本上的知識去理解他們，因為那些觀點跟他們真實的生活樣貌距離好遠。

我想要用我自己的生命跟他們互動，看到他們的內心與生活，也唯有如此，才能真正地提供更適當的協助模式。

共同的痛苦與失落

我在諮商工作後第四年，決定出來開相關的專業課程及訓練，因緣巧合下，有很多邊緣型人格疾患的夥伴們聽聞課程，也都來「點亮」上課。我不敢說自己透過這樣的方式，幫他們發聲或做了多少，但我因而有了很多邊緣人格的學員，也陸陸續續地，獲得更多與他們相處的機會。

好幾次，我在臺上上課，下面的幾位學員看著我掉淚，也有些夥伴面有異色，不斷地竊竊私語。最令我印象深刻的一次，是在上課的過程中，有位學員愈聽臉色愈是難看，最後，課程沒有上完就離開了。後來我又碰到這位學員來上其他課程，他告訴我，那是他第一次聽到自己的問題被如此具體地說出來。他沒料到自己的狀況會在課程中被這麼直接、具體地討論，要面對那些失落與痛苦太辛苦、太難過，當下腦中只有想離開的念頭。儘管如此，他還是想要幫助自己，想要努力讓自己更好，所以他做好心理準備後，又回來了。

這是我心中覺得非常有價值，也繼續做這件事的原因。

恐懼、焦慮與對生活的不安，是這些夥伴一輩子的課題，但他們從來沒有想要放棄在自己的生活中尋求平衡，甚至一直努力嘗試掌控、協調，以預防所有可能發生的後果。這些夥伴是如此地積極求生，努力追尋生活的價值，然而過度用力與在乎的結果，常導致生活中的悲劇一而再、再而三地發生。

我看著他們那麼努力，卻不被大眾了解，且被擺放在專業的框架之中，反而無法幫助他們。因為太多的事情發生在周遭，情緒勒索、控制狂、自殺威脅、危險情人等，都是會被拿來放在他們身上的汙名及標籤。這些負面資訊教會他們隱瞞、操控關係，他們雖然努力尋找突破的方法，卻也因為外在的壓力，增加現實生活裡的衝突。他們緊張、焦慮、愈陷愈深，不安感加重，不斷跳出，又重返之前的壓力因應模式。這樣的辛苦，不斷在他們的生命過程中輪迴，又再加深。

個人取向與華人文化

這本書的誕生，與我成長經驗中很多重要的轉折有關。我的專業是重視人際關係的存在取向，裡面有許多實際的體會影響我至今。我不斷嘗試去理解他們的生命如何存在，特別是可能造成不安的相關因子；我看到他們為了擺脫自己內心的不安，而像無頭蒼蠅般，到處抓住任何可以依賴的人，然後用許多看似無意義、怪異、不合理的方式，試圖讓自己好過一些。

一旦焦慮源停止、消失，他們又能恢復成討人喜歡的好人形象。這類型的人隱匿在你我的生活周遭，以不同的行為、樣貌，出現在各種人際場合。特別的是，在華人的電影、鄉土劇、傳統家庭跟人際互動中，我們會覺得這類人的誇張情緒、暴躁行為（俗話說的「一哭二鬧三上吊」）是可被接受的、有原因的、非常習慣的。直到有天，我們才發現自己陷入對方不斷的情緒勒索、予取予求，我們感到沮喪、辛苦，而忘了當初自己是如何毫無界限地包容對方。這就是華人社會的日常，日常到我們對這種肥皂劇會有的灑狗血劇情習以為常。

我希望這本書能幫助有類似情形的朋友了解自己的狀況，增加覺察並尋求協助。另一方面，也希望藉著這本書，改變目前世人對邊緣人格夥伴的誤解與汙名化，特別是從有著諸多侷限的病理觀裡跳脫出來，真正地去理解他們。

謹以此書獻給我太太、所有支持我的家人，以及期待這本書許久的專業夥伴們。沒有你們，這本書不會誕生。

PART 1
受傷的無面者
邊緣人格的樣貌

PART 2

掙扎求生的苦痛

起因與社會脈絡

PART 3 安全感是最終解藥

給親友的協助原則

PART 4

如何協助與療癒？

給助人者的諮商指南

引子

美麗故事的哀傷結局

當焦慮來臨時，世界充滿張牙舞爪的怪物

「從小，我的家庭就是破碎的。一直以來，我沒有一個完整、幸福的家。我心中只有一個期待，總有一天，我的生命中會出現一個喜歡我的白馬王子。我一生尋尋覓覓，只為了等待這個愛我的人出現。他會給我一個家，而且會無止境地愛我、包容我、照顧我，提供所有我想要的東西。我們的愛會持續到天荒地老……」

這是典型的邊緣人格家庭寫照，也是他們內心最大的呼喊。但是他們沒想到，這樣全心全意地希冀與渴求，原來從一開始就是個錯誤。

邊緣型人格疾患——我相信有些人聽過這個名詞，以美國研究來說，患有邊緣型人格疾患的數量可能有一千萬名以上，成人發生率約在百分之一到三，而男女罹患比率約一比三，女多於男。因精神疾病住院患者中，多達百分之二十為此症患者（臺灣因此診斷而住院者反而很少）。求助於美國精神醫療的患者中，有百分之十五至二十五的患者被診斷出具有邊緣型人格疾患。

雖然此疾患的患者很常見，但卻鮮為人知，原因之一是其診斷標準在一九八〇年才正式被美國精神醫學會納入《精神疾病診斷與統計手冊》第三版（*The Diagnostic and Statistical Manual, DSM-III*），此外，也可能因為這已成為我們文化的一部分（在臺灣比美國更常見，後續會詳細說明）。

也因為有人碰到他們的一些行為，百思不得其解，而試圖去了解。包括助人者領域，我們常在談到所謂的「邊緣人格」（尚不到疾患的程度）時，可以發現在晤談情境中，我們最害怕遇到的，就是這類型的人。當然，若做得好，也會是我們最大的成就感來源。

為什麼邊緣人格（簡稱ＢＰ）會讓我們有這麼多的挑戰、擔心跟挫折？我們提心吊膽的根源是什麼？讓我們好好來了解一下。

一開始，她可能只是在你出門時，不停地打電話來確定、查勤，有很多的試探跟猜測。漸漸地，你的一言一行開始被放大檢視。你永遠有可以被懷疑不忠的地方，怎麼解釋也沒用。若你怕她不高興而隱瞞、少說一點，被發現了就是無止境的衝突、吵架，甚至口出惡言、動手傷害彼此，直到有人以撞牆、下跪、自我傷害等方式激烈地妥協與道歉。不知不覺，關係變得愈來愈有壓力……

但，再悲傷的結局，一開始往往都是個美麗的故事。

首先，可能你是當事人，也可能這是你朋友的故事。

有個朋友認識了一位男生或女生，他們相識的時間不長，可能不到一個月，但是很突然地他們就在一起了，你不太知道是什麼原因讓他們這麼快就交往。也或者你是當事人，這位迷人的男性或女性雖然話不多（或特別多），但是很快地，他被你的優點吸引，並願意跟你在一起（當朋友或伴侶），或者跟你說了很多關於你有多棒、多好、多吸引他的話，他說他的人生不能沒有你，而你們兩人也幾乎無話不說。

能遇到如此了解自己的人，感受彼此的相知相惜，真的很感動、很美好。他需要你可能比你需要他多得多，你很感動，於是義無反顧地跟他在一起。如果他是你的伴侶，也許你們很快就發生了性關係，關係的進展速度之快，像是你們對彼此有很深很深的渴求，慢不下來。

正好你剛剛結束一段戀情（或單身一陣子了），也期待著另外一個人的陪伴，兩人自然而然地陷入了熱戀（或一段美好的關係）。在經歷了迅速而深刻的互相了解與交流後，你愈發投入，兩人形影不離、熱線不斷。和他相處的感覺真的好極了，從來沒有一個人像他一樣，讓你如此沉迷其中。你幾乎把所有的時間都給了他，兩人充滿激情與甜蜜。

這樣的故事走向，卻早已注定結局不是happy ending。

除了談戀愛的時間之外，你的生活還有很多其他事情需要投入，無論是朋友或工作事業，都需要你去經營與維持。你還有家人，需要照顧和陪伴他們的時間，你不得不花點時間在他以外的人事物上。你期待得到他的諒解，也認為這些事情不會對你們深厚的關係有太多影響。但很奇怪地，對方卻開始因為一些小事情與你爭吵，各種日常瑣事都有很多要求與不滿，兩人也有愈來愈多衝突和相互指責。

你想做些改變，畢竟經歷過不只一段感情，你開始思考自己是否哪裡做錯了，希望試著調整自己去滿足對方。但是對方的要求愈來愈多，與你的落差愈來愈大，衝突不停發生。漸漸地，當你被懷疑、被要求時，只能選擇忍耐，感受到層層束縛、喘不過氣的感覺，除非你完全滿足對方。

你思考著兩人為什麼那麼容易爭吵，你嘗試理解對方，想著他容易沒有安全感，才會把事情想得很負面、很糟，你試圖保證自己的忠誠與善意，也一再解釋事情跟他想的不一樣，希望能安撫對方。但，效果似乎只能維持幾天，只要又發生一點小事，就又退回原處。

不知不覺中，兩人愈來愈常在爭吵時互相傷害，翻舊帳成為家常便飯，傷人的話也總是輕易被說出口，提分手變成口頭禪，話愈說愈狠，甚至動手。這一切，都只為了要逼對方妥協、聽話並照顧自己。每次爭吵後，兩人還是會戲劇化地和好，像沒發生過任何事一樣，繼續甜甜蜜蜜，但事情總是重複發生，像受了詛咒一樣，永不停止。

分手終究還是成了無可奈何的選項。你以為先前兩人都常提到分手，這可能是雙方都有意會到的事情，沒想到認真說到關係的結束，就像引爆了炸彈一樣，對方的反應異常激烈，他情緒暴怒、口出惡言、自我傷害、委屈下跪、苦苦哀求，甚至施行暴力、自殺等強烈的行為。你被嚇到了，在恐懼之中，你不得不妥協、忍耐，讓關係繼續維持下去。

直到他歇斯底里、自殺威脅，事情愈演愈烈，鬧得人盡皆知，你只能報警或將他強制送醫，請公權力介入。或者，你只能想辦法避不見面，斷絕所有聯繫跟互動，希望讓事情到此為止。然而，對方卻不會輕言放棄，你們只能無法停止地互相折磨，直到你可能也開始傷害對方，或是徹底地做爛自己。最後，你們完全地決裂，老死不相往來，但是很快地（或隔了一陣子），你可能又聽到他已交往了一個新對象……

迷霧中的故事

不知道為什麼，一切都好像羅生門一樣。明明故事有個美好的開端，明明兩人是如此相愛與依戀，最後卻變得好像你們兩人有著深仇大恨，存在諸多埋怨，甚至有言語或肢體上的攻擊。這樣的前後反差、這樣的結局令人困惑。

這些故事，就好像在布滿迷霧的森林中行走，讓人看不清關係中的全貌與緣由。

在我的諮商實務過程中，常常會遇到這樣的案主。他們有很多讓人摸不著頭緒的悲慘故事，一個全心全意去愛對方的人，到最後卻是使盡全力地憎恨對方，卻又同時想挽留對方。或是一個在關係中對朋友非常好的人，卻反覆地被朋友背叛、傷害，無緣無故被拋棄、丟下。

我在每個一開始聆聽到的悲慘故事中，對於案主遇到不對的人事物，總是有很多的同理和難受，悲憫他們的辛苦跟傷痛。但是，當諮商繼續下去，我發現類似的狀況發生了不只一次，幾乎每次我都會看到案主在不同人事物之間有著相同的處境。這時，我的心中就會敲響警鐘，有著很強烈的不協調感——如果他真的像他所說的那麼好，為什麼大家還會離開他？

充滿疑惑的過程中，我漸漸感受到這些案主另外一半的感受——理想化的高度期待、自我中心的思考，以及非黑即白的價值觀。這些不只是負面情緒、情緒勒索或自我壓抑而已，也代表著一種生活型態與自我樣貌，是一個在情感關係中傷痕累累的被害者。

他們太想要拯救那個被父母控制、忽略、傷害的自己，變得很難去關注、欣賞自己，理解自己內心真實的需要。就像在成長過程中，父母也都各自帶著原生家庭的深沉傷痛，希望透過建立自己的家庭，彌補過去自己所承受的巨大失落跟痛楚，案主也在不知不覺間，承接了流傳無數代的失落與痛楚，重複著上一代的問題與糾結。他們一直懷抱著美好的期待，渴望逃離家庭的循環，卻又會因太努力逃離傷痛，而再次陷落在傷痛裡。

這些故事都很令人心疼，也曾讓我在接邊緣人格個案時，有很多自己的悲傷需要處理。每個案子都花費我很多心力，這麼說並不是對他們這種傷害自己與他人的行為感到厭煩，而是對於沒有人理解他們感到辛苦。這是一群努力改寫自己的悲劇腳本的人，問題在於，他們拖著血跡斑斑的身子，對於任何危險都異常地敏感、尖銳。太習慣悲劇的他們，無法在美好故事上有太多的著墨。

PART 1

受傷的無面者

邊緣人格的樣貌

周遭環境對他來說，有好多危險。

他一直都有害怕的感覺，家人不值得信任，朋友不停背叛，過往發生了太多不好的事情，他渾身是傷，像個充滿害怕、恐懼的小動物。

一切事情的根源都來自孤單。

他好想要一個朋友，但那麼多人想傷害他，到底誰才能信任？

還是事情一直都會這麼糟糕，也許，這就是一個恐怖的世界？

有時，他說沒有「自己」的感覺。

生命好像很空，他不知道自己是誰、想要什麼，也不知道自己有什麼喜好、興趣。

誰會愛他？

誰會拯救他？

他很羨慕那些知道答案的人。

活著的感覺變得好不真實，好像自己不存在世界上。看著別人的歡笑，總覺得自己像個小丑、演員或幽魂，像隔著一道牆，在另一個世界看著事情發生。

這個跟他沒有關係的世界，好陌生，好遙遠，好恐怖。活著一直都好辛苦，好像什麼都沒有意義。

想死的感覺，大概是這樣來的……

我坐在他的對面，看著他望向前方，眼神失焦，陷在自己的世界裡。

我想，或許我並不了解他。

沒安全感的人生——「遲早你也會拋棄我。」

首先，讓我們來聊聊在什麼樣的情況下，會遇到因邊緣人格來求助的夥伴。

一般來說，會上門來求助的，通常是邊緣人格的伴侶或是好友，反而不是本人或其家人。因為他們對自己的狀況不會有太多覺察，只感覺到自己對人生充滿恐懼與害怕，他們不知道這些莫名焦慮的感受，其實就是別人眼中的邊緣人格。

下面來看看阿瑞的例子。

阿瑞手機鈴聲響起。

「你人在哪？」嘉佩說。

阿瑞：「我現在在跟阿明吃飯，待會一點午休結束會回公司。」

「旁邊有沒有女生，真的是阿明嗎？」

「沒有其他女生啊，就我們兩個閒聊……」

「你確定嗎？不然你開視訊跟我講話，開來看啊！」

「不用吧？阿明你也認識啊！」

「你幹麼不想開視訊？是不是有鬼！我不管，現在你一定要開給我看！」

阿瑞只好滿臉無奈地打開視訊通話，還把一旁有點尷尬的阿明也拍進來。

這樣的場景，一直重複在不同的生活片段中，成為阿瑞與嘉佩的日常。

「嘉佩一直都很沒安全感，也始終不願相信我，我不知道還能怎麼辦。」阿瑞無奈地說著。

「我知道跟她在一起前，我做過一些荒唐事，經常下班後跟朋友喝酒。因為外在條件不錯，也不缺錢，很有異性緣，身邊總不缺對我有意思的女性朋友。偶爾會占占她們便宜、搞搞曖昧，但也沒真的發生過什麼。可是嘉佩總會拿我的手機，調出我跟其他女人的對話紀錄或臉書照片生氣。

「為此我們大吵過好幾次，她都要我發誓絕不再喝酒與花心，我甚至把那些人的聯絡方式都刪了。婚後我仍會想喝酒聚會，但有小孩後，我通常選擇在家喝，嘉佩卻仍會為此跟我大吵。她說她討厭看到我喝醉的樣子，那讓她想到我與別的女人在一起的畫面。

「好幾次，她都趁我喝醉時逼我寫悔過書，更誇張的是，她還買了酒精偵測器要我吹氣、拍照存證。接著又說為了防止小偷侵入，所以在家門口裝了監視器。奇怪的是，有時她不在家，我想小酌幾杯，她都立刻打電話來，問我在做什麼，甚至用很篤定的口吻逼問我。最後總能套出她要的實話，就會逼我道歉。

「起初，我以為是她敏感的神經猜到的，但她連我在家打手槍都知道，後來刻意去找才發現，她在家裡裝了好幾臺針孔監視器，就連我的手機也有監控和錄音軟體。我的通聯紀錄、行動地點都在她的掌控中，我的朋友群也在她不斷的堅持下愈來愈少。她總是不停地打電話、傳訊息來問我在哪裡，要是漏接電話或晚回訊息，她就會氣得跳腳，要我證明身邊沒有其他異性，否則就是我出軌的證據。每當我生氣起來，她又會歇斯底里，哭喊著她太愛我了，才會這樣失控，甚至下跪道歉或是自我傷害。」

對於嘉佩的這些行為，阿瑞很無奈。

他知道自己以前不好，但現在他愛的是嘉佩，相處上也沒有太大問題，所以結婚生孩子後，他以為關係應該就穩定了，從前再風流，也都是過去了七、八年的事情。

但是，阿瑞不管再怎麼保證，嘉佩依然認為阿瑞跟異性之間不明不白，每每在嘉佩翻舊帳的吵架模式下，阿瑞只能努力忍耐，但是狀況愈來愈糟，他的心理壓力也愈來愈大。

這個婚姻維持得好累好累，愛都快消磨殆盡了。

阿瑞不知道該怎麼做，才能改善兩人的關係，讓嘉佩重新相信他。

焦慮、不安的邊緣人格

阿瑞的故事，是否也曾經出現在你的生活周遭呢？或者說，你是否也有像嘉佩這樣敏感的家人或朋友，讓你煩惱不已呢？

其實，這就是典型的邊緣人格。

在生活上，他們除了極度沒有安全感之外，還會把所有的焦慮感快速轉嫁到另外一個重要他人身上，認為是對方沒有好好地照顧自己的需求，才會讓自己這麼憂鬱、痛苦。但其實，不安的感覺存在每個人的身心狀態中，是個大家都會有的共同狀態。它有時起因於生活上的壓力，有時是來自過往的創傷經驗，有時則因為個人當下的心理狀況不佳。尤其對於特別重要的事件或親密的人，因為特別在乎，也就更容易患得患失。

在邊緣人格的心理特質上，他們相較於一般人的狀況，更長時間處於不安，容易感到焦慮，對外在線索過度敏感。而內在焦慮的真正源頭是，一個遲早會被拋棄的想像，一個「我不值得」、「我不好」的內在聲音。

當我在諮商場域中碰到類似的個案時，他們都共同有著一種潛藏的負面想像：「等著吧，遲早會有那一天，你也想拋棄我（不想跟我諮商）。」這種在內心烙下的印象與不安，刻印在他們的意識與潛意識中，連結的是他們成長過程中的經驗與環境因素，有著被重要他人遺棄、忽略或是被傷害的深刻印象。

邊緣人格處理這種不安感的方式，就是試圖把一切狀況都控制住，當個完全的控制狂。因為唯有努力去掌控一切，或是把所有可疑的情形都排除，才能避免自己被拋棄，或是提早離開這段關係，在可能被拋棄前先將對方拋棄。

對他們來說，一切目的都是為了讓自己不陷入被丟掉的處境，於是，維持一段穩定的關係就變得相當困難。

邊緣人格何以形成？

從我目前接觸的眾多案例中，可以在心理層面上，將邊緣人格歸納出一些共同特徵。而此人格的形成，包含著兩個部分：

・**敏銳而感性的自我，高敏感體質。**

・**焦慮、緊張且高壓力的成長環境。**

兩者相較之下，環境的影響才是決定性要素。也許起因於成長過程中，界線不清、情緒不穩、控制狂的照顧者，或是被遺棄、資源匱乏、躲債、貧困、家人吸毒或是黑道等現實環境問題。

事實上，深入了解他們的日常生活之後，會發現在他們小時候的成長經驗裡，家庭環境因素與一般人相比，其實差異頗大。一方面日常生活中家人互動過程裡，幾乎就是較為緊繃或是摩擦的關係。而更大的問題，通常來自家中缺乏好的主要照顧者——媽媽的角色。

母親這個角色相當重要，它幾乎是小孩模仿與熟悉人性的第一印象。若成長過程中，小孩所需要的溫柔、體貼、呵護，被灑狗血的愛恨情仇所取代，或是長期遭受不具親職功能的照顧者遺棄、家暴、忽略等，就容易造成當事人長期感到不安與恐懼。而另一方面，也有可能是小時候遭遇現實條件中的危險因子影響——暴力討債、父母離異、性侵害等。

麻煩的是，這並不是一個人想要處理，就能處理好的事情。因為是早年經驗中與照顧者出現了狀況，曾長期處於受害（被動）一方的情況下，內心早已習慣自己是幼小、脆弱的角色，認為世界是危險的、沒人可以信任的。於是，為了可以更安全地保護自己，少受一些傷害，他們會將內心封閉起來，「畢竟連父母的愛（外在現實環境）都這樣充滿傷害了，更不可能有別人會真心愛我。」

愛得猛烈，卻也時刻遭受不安襲擊

在邊緣人格案主的原生家庭中，經常可以看到父母與孩子的相處中，充滿過度而沒有界線的黏膩交織，照顧者的情緒始終起伏不定（過度溺愛／嚴苛或完全疏離）。

親職功能時好時壞，便難以看見孩子的真實樣貌，甚至會使用奇怪的小手段來掌控孩子的生活。

例如，我曾遇過一位母親，常會在邊緣人格的兒子跟朋友出門時，偽裝生病，吃不下飯，直到兒子回家陪她。另一位母親則是會強烈要求就讀大學的女兒假日都要回到家中，如果孩子表示自己有安排事情無法回家，就會招來母親強烈而不滿的訊息攻擊、言語指責。上述這兩個例子裡，他們的家庭即是時常充斥著攻擊與衝突。

邊緣人格者在不斷的情緒焦慮狀態下生存著，對他們而言，這世界完全不友善，只有先保護好自己，才有可能好好活著。

他們通常青春期便開始與父母有激烈衝突，很早就想離家獨立生活；也因為害怕孤單，非常想交男／女朋友，只要遇到那個可以拯救自己逃離家庭的人，便緊抓不放。

他們愛得猛烈，卻抵不住內心那分時刻襲來的不安與恐懼；他們不相信永恆不變的愛，因此總能想像出各種被背叛的可能。同時，也常透過不斷的索求來驗證對方的忠誠，卻往往因而把對方逼瘋，最後拋棄他們。

這些內在心理機制的變動，因為強烈的不安感時時侵襲，造成自我保護的機制隨時在機警地監控著。他們就像野地裡獨自生存的狼，在自然環境的競爭下，存活下來是他們最重要的原則，保護好自己，才能好好活著。

這樣的活著其實很累。他們由生存本能推動著自己前進，好的時候可以稍微放鬆、喘息一下，有時拖著疲憊的身心，又會不斷地想，自己究竟什麼時候才能解脫？活著似乎沒什麼意義，死亡會不會讓事情簡單些？也不知道什麼才是真正的愛，整個人就像一個空洞的皮囊。

他們不肯輕易放棄心中的美好想像，但「結束生命」的念頭，也常在他們的心中不斷出現。

邊緣人格

戲劇化的愛情

——浪漫、激情、高標準

我們已經知道邊緣人格非常沒有安全感，但，為什麼會有那麼多人都被他們吸引，在一起後，卻因為愛得不順利而痛徹心腑，又無法分離呢？

小莉和小白是從小認識的鄰居，彼此是最好的朋友。

兩人的關係有點像是地球與流星——小莉每隔一段時間就會非常需要小白，就像流星一樣，在小白身邊發光發熱；而小白就像地球一樣，靜靜地陪伴、看著耀眼的小莉。有時小莉會走得不見人影，小白也習慣了。

外形姣好的小莉，身邊總是圍著許多異性朋友，但這些關係卻很難維持長久。每一次都開始得轟轟烈烈、如膠似漆，結局卻往往哀哀戚戚，總是以遇到渣男、劈腿、外遇、已婚，或有家暴行為等告終。

這麼好的女孩，卻每段戀情都這麼辛苦，小白很為好友心疼。為了安慰、分散她的痛苦，小白決定把小莉拉進自己的生活圈，盡量多陪伴她。

一次，小白偶然發現小莉正和自己的表弟激烈地爭執。

「你是不是愛上別人了？」小莉說。

「我跟她沒有怎樣啊，我們只是說說話，聊開了而已！」

「你少騙人，你們在臉書上講那種曖昧的話，根本就是心裡有鬼。哪個女生會平白無故跟另外一個男生講這樣的話？」

「她只是關心我，她自己也有男朋友啊，事情不是你想的那樣！」

「騙人！你明明答應過，和我之間沒有祕密，什麼都不隱瞞我，而且每個週末都要陪我，每個節日都要給我驚喜，要常常對我好，愛我一輩子的好，但現在什麼都沒有！你說，你昨晚是不是跟她在一起？什麼手機沒電，哪有那麼巧的事？」

「拜託，我只是跟朋友出去了而已，有這麼嚴重嗎？而且我們之前也都有出去過節啊。」

「上次的情人節，你根本就是隨便想一個地方帶我去的，餐廳很普通，禮物也是隨便挑的。枉費我精心準備了那麼久，你居然什麼驚喜都沒有。」

小莉說著說著，又是一連串的歇斯底里：「你這個騙子騙子騙子！」

小白非常訝異，原來小莉最近常跟自己抱怨的人，就是自己的表弟。

表弟是很內向、害羞的人，她知道他跟女生互動的狀況都相當低調，好不容易才交到一個女友，最近卻一直說他跟女友不順的狀況。一開始他們很投緣，近乎一見鍾情，因為從來沒有女生這樣全心全意地對他，感覺真的好極了，也很快地發生了關係。但，不知何故，之後卻總是充斥著爭執、抱怨與痛苦。極度甜蜜與激烈衝突之間的落差，快要把他搞瘋了。女友瘋狂抱怨他不夠用心、沒有好好對她、對他有諸多挑剔，甚至要求每天都有驚喜，否則就會有很多的不滿、指責，或說他「始亂終棄」。

分開聽兩邊的說法，小白原先只覺得小莉又遇到一個不恰當的男人，但是當這個男生是自己認識，甚至是自己的親人時，小白才終於發現小莉的問題。

在愛情上，小莉有強烈的執著與高標準，同樣也有很多的猜忌。她會用半強迫的方式，要求另一半滿足她對「浪漫、激情」的期待，例如每天都要有驚喜，定時的關心與溫暖，隨傳隨到的照顧，甚至是每個節日都要精心準備。只要有不符合她預期的情況，就要面對隨時會到來的風暴。她不會去考慮現實的狀況，也很難顧及伴侶的想法，只感受到自己內在的失落與傷心。她的愛情總是演變成戲劇化的愛恨糾結，直到另一半受不了而強行分開，留下難堪的負面的經驗。這時，小莉就會篤定地說，對方是渣男或外遇了，才會有前面那些「不夠好」的行為。

邊緣人格的六大常見感情觀

這類故事乍看常發生在每個人的生活中，似乎只是一個沒安全感的人，但值得注意的是，對一般人而言，愛情是人生中重要的一部分，愛情的美好是生命需要捍衛的一件事，可是並不會變成唯一的價值，我們也會同時投入到生命中的其他事物，像是工作、家庭、朋友。

而在邊緣人格的生命裡，愛情或親密關係是生命中唯一可以掌控的東西，他會永遠對另外一半有無止境的要求和期待，不光是激情、浪漫，甚至在互動過程中，也會期待能充滿情緒起伏，像是驚喜、熱情等感受，或強烈的表達等。

接下來，讓我們以心理學的專業角度來了解邊緣人格的內在感情世界。

1. 愛情是拯救人生最重要的事，它能給我一個真正的家

關於他們的不安全，其實是一種從小累積而萌發的過程。環境中所接觸到的外在不安，漸漸地內化為內心的一部分，成為深刻的潛意識與自我，久而久之，慢慢地沉澱為一種深刻的孤獨感——不被照顧、不被愛、沒有人關心我。而愛情就像奇蹟般的解藥，能拯救那個不被好好照顧的自我。

2. 對愛情充滿無限的美好想像：浪漫、玫瑰色、真命天子

家庭環境中，黏膩及控制的關係導致他們很難真正分化、獨立，並長出自己的樣子，也不太能夠真實地感知外在環境。因此，在他們心中，都有個沒有長大的內在小孩，讓他們像小公主一樣，期待著白馬王子的蒞臨，期望有個人能全心全意地愛他、照顧他、聽他說，就算有不好的地方，也會包容、體恤而不會傷害他，兩人最後能過著幸福快樂的日子。

3.期待著愛情必備激情（性）和驚喜，並將之視為籌碼

因為從小生長的環境中，家人間的相處充滿負面的情緒張力與戲劇化的對待，時好時壞，難以預測，所以關於「愛」的樣子，通常是他們個人所想像出來的，而且就像美好的泡沫一樣。自然而然地，他們希望有更多的激情，以及驚喜的互動。長大後，最單純而直接的美好，就變成是性刺激的感受。

成長過程中感受不到被愛的感覺，讓他們將性變成了直接交換愛的方式，也是綁住對方的理由，否則心中的擔心與負面想像就會層出不窮。另一方面，他們認為唯有相愛的過程中真的那麼美好、充滿驚喜，愛情才不是一場騙局。

4.無時無刻的高標準，不允許沒達標的愛情

你常會聽到他們訴說著自己被霸凌或排擠的經驗，而且生活中很少有好事發生，總是在不同的環境努力求生存，卻遇不到什麼好事。這個趨吉避凶的本能，發展得愈來愈反射，讓他們自然而然地逃避、閃躲危險，也許是對家人，也許是對朋友，更別說是另一半，有半點不愛的跡象都不行。這樣的高標準，除了是為了預防自己可能受傷之外，也是他們挑選真愛的方式，若是對方有未達標之處，就會認真改變對方，直到對方妥協或被迫離開為止。

5.我要超級努力，要求另一半跟我幸福完美

因為沒有一個完整的家，他們立誓要組織一個美滿幸福的家庭，這個夢想堅定而不會動搖。所以他們會認為另一半應該也要努力經營這段關係，才有可能順利走下去，但標準要夠高、投入的程度要夠多，家才會完美。這些都是雙方應該要做的，假如對方做不到，就是他「不愛我」、「有問題」，要趁早結束這段不好的關係，不能因為對方而讓夢想夭折。

6. 黏膩的關係與疏離的界線

「我黏你應該，但你不能隨意在我沒允許的情況下靠近我。」關係中，他非常需要你、在乎你，你也應該要無條件地讓他感到有人陪，有人在他身邊，這樣才能不孤單。他們喜歡可以一直依賴著你的感覺，這是戀愛的美好。但當他覺得生活中哪裡出了問題，總覺得你八成會傷害他時，他會躲得遠遠的，央求你不要靠過去。若靠太近會讓他們覺得恐怖，跟過往生命中壞人的樣子重疊了，這時讓他一個人安靜一下，確認這個關係目前是安全的，不要逼著他回應。

快速而充滿激情的感情進程

一般人在一開始面對這樣子的人，總會欣喜於對方如此重視、喜歡自己，甚至，這可能是此生從來沒有過的「被需要經驗」。這樣濃厚而強烈的愛，常常讓很多人不小心就「暈船」，把這樣的關係當成「天上掉下來的禮物」，而忽略了這樣的感情進程，實際上是強烈而快得讓人喘不過氣。

快速提出邀請的性行為，常會是這種關係的開始，有著致命的吸引力。

因為一開始是對方主動而發生關係的，你想像著，這會是個浪漫的豔遇，但實情是你連對方的背景都不清楚，就掉入一個迅速要變成對方期待的白馬王子／白雪公主的情境中，這時要求與操控都會出現。

邊緣人格的夥伴希望能早點確認這段關係是不是他們想像的「真愛」，而用性關係來拉近彼此或確認關係是最快的。在這樣的過程中，他們也會期待對方能給自己一個理想的家和未來。

這樣的出發點直接、純粹到讓人訝異，而這種強烈到有點偏執的愛情，雖然大多數人一開始可以接受，但相處之後卻通常無法長久。一方面，不安全感會讓他們想要掌控對方的所有生活；另一方面，浪漫跟激情最後會變成束縛、控制另一半的手段，即使你想離開這段關係，也會在高標準的批判下，變成那個讓愛情失敗的凶手，弄得傷痕累累，也不知道兩人的問題在哪。

長不大的王子與公主
——感性、善良，卻自我中心

看完前面章節的敘述後，你現在是否有很多擔心、害怕的感覺，不懂為什麼有人要這樣生活？

邊緣人格的確有很多極端或令人難以理解的行為樣貌，遇到時真的會讓人既困惑又心中充滿糾結。這一章節，我想帶著大家思考，為何純真、善良與自我中心會同時發生在同一個人身上。

第一次見到雅婷時，她給我的感覺是一個天真、善良、沒什麼心機的人。

閒聊中，她提到平常有時間就會去校外的育幼院、老人院義務服務的事情，很多自己盡力去做的付出，過程中對院童或老人家有許多不捨與難過的感覺，不單為他們身處的環境，也為他們所受的待遇打抱不平，很希望自己可以多幫些忙。同時，她也聊到自己對於這樣服務性質的想法與未來願景，我對這樣的雅婷有很多的感動、同理甚至是欣賞。

她隱晦地提到自己家庭環境小康，只是她跟父母總有些問題，但她一直很努力去克服、改善，也幫助了很多人。那時我對她的理解是——細心、同理、感情豐富，就像個天使一樣。

後來我才知道，我對她的了解有多片面，因為漸漸地，每次碰到雅婷，她都給我很多愈來愈奇怪的訊息。

她常常跟我們分享自己對他人的投入和付出，或是一些她很花心思特別去做的事情。但很奇怪地，在她口中，沒有一個人懂得欣賞她。她的生活周遭充斥著壞人、惡棍、自私鬼，或是過度信任朋友所招來的背叛與背後中傷。她也提到很多在服務過程中遇到的機構問題，每當我想深入去細問，卻聽到更多的抱怨細節，像是機構的人如何無理對待、說負向話語、錯誤行為等，聽得我義憤填膺。不過當我靜下心來想一想，我發現我聽了一堆別人的問題，但我實際上仍不知道發生了什麼事——沒有事件的細節，只單方面聽到雅婷的感覺、行為與對話，像是她很辛苦、可憐，而且付出總是得不到回報等。

漸漸地，雅婷的狀況愈來愈不好，每次聊天都不斷重複著負面的劇情，有時還會增加一些新情節，像是那些人又對她說或做了不好的事情。身為朋友的角色，我常常很想幫助她，也試著提出一些建議與方法，希望能給雅婷一些幫助。但雅婷好像沒有真的要去解決問題，當她說出想要有人多一些照顧或是陪伴時，其實是要旁邊的人去照顧她，讓雅婷依賴、順著她的感覺。

只是，當開始照顧或幫忙雅婷後，她的負面情緒不但沒有消失，要求還會愈來愈多。當你受不了她不停地抱怨，或是覺得自己幫不上忙，而開始遠離她或閃躲她的抱怨，你也成了她口中的另一個「壞人」，或背叛她的人。

不安全的依附關係[1]

每個人的生活必然有其辛苦之處，因為人天生追求的是讓自己過得愈來愈好，只是，有時會在一個糟糕的狀況下，誤用了錯的方法。

想像一下每個人長大的過程，在小時候懵懂無知的年幼狀態下長大，開始學習探索這個世界，慢慢地獨立，建立自我，進而踏入社會，漸漸分化成一個完整成熟的人，懂得去愛、工作生產與照顧他人。

心理學中，用「依附關係」來稱呼一個人與重要他人之間的關係。**關係狀況好時，會形成安全依附，人就會逐漸長大、獨立、分化；狀況不好時，則會形成不安全依附，內在會顯得拉扯與混亂，難以發展成熟。**

幾乎在不同的人格心理學理論中都有提到，孩子若沒有建立起一個好的照顧者與被照顧者的關係，便無法好好長成一個成熟的成人。嚴重一點的不安全依附，就會造成一個人停滯在當初孩童般的自我狀態，不太知道別人的狀況和想法，只以自己為世界的出發點，我們會說這是「自我中心」的樣態。這正是我們所說的邊緣人格的樣貌。

他們內心住著純真、善良、感性的天使，就像孩童一樣。當他們展現出體貼、真誠的那一面時，身邊的人絕對會為這樣的可愛人兒著迷。的確，這是他們最真實的樣子，像童話故事裡住在城堡中的小王子與小公主，想哭就哭，想笑就笑，喜歡幫助別人，討厭不公不義的事，希望所有人都喜歡自己。充滿孩童般同理心的他們，對很多脆弱或傷心的情緒都相當敏感而溫柔，會去安慰跟自己一樣的孩子，幫助需要幫助的人，甚至是有點執著的。就像孩子看到別人在哭泣一樣，天性會讓他們去安慰哭泣中的人。

但是這樣的小公主與小王子，在他們生氣、難過、不開心時，絕對也是固執、任性、無理取鬧的。

1 不安全型依附（Secure attachment），約翰・鮑比（John Bowlby）提出依附理論的概念，指一個無法與人好好建立關係的人，進而對外在充滿矛盾或焦慮。安全依附有助社會及情緒的發展，嬰兒才能適應與親人分離，致力於探索環境，發展出自我概念；反之，則會對人有很大的負面影響。

不安定的外在環境下，內在小孩隨之動盪

當邊緣人格處於負面情緒之中時，他們無法接收或理解別人的感受，甚至無法蒐集外在的客觀資訊，只會全心全意地聚焦在自己的感受上，甚至像個發脾氣的嬰兒，哭鬧不休。

在感到外在環境變動到不可預期時，他們內心的不安會快速浮現，**一旦焦慮感升高到不可控制，生存危機的機制就會促使他們感覺自己必須掌控或做出某些行為，以重新取得對環境的安定感。**

例如，指責或挑剔別人的錯誤，直接逃避某些情況，或者即使提出來的觀點一點也不全面，仍舊一意孤行。這過程在他們的生活中不斷輪迴，也不會覺察到自己的問題，因為在他們心中，這些事情都是別人的錯，他不會意識到自己的行為放到成人之間有多麼異常、多麼自我，就像個耍賴或怪罪別人的孩子。

從心理學的客體理論來看，遇到這樣的人，就像看到一個內在自我還像是幼童一樣的成人。雖然他們學會怎麼與人相處和社會化的語言，但是內在自我依然是一個未分化完全的狀態，就像是長不大的王子與公主：遇到挫折、不如預期的負面結果，就會一直聚焦在自我的感受上，好像幼童一樣可憐、無助、委屈。狀態好的時候像天使，不好的時候像惡魔。有育兒經驗的讀者看到這，是不是覺得他們就像是兩、三歲孩子一樣，既可愛又有點可惡呢？

所以，你會發現邊緣人格會無限放大自己所感受到的負向狀況，他們很難在這樣的狀況下觀察外在的資訊情形，而是一直在自我情緒、感覺上打轉。對你抱怨時，也是一直在講一些情緒性的字眼，而真正的事件全貌，很難從他們口中聽見。這也是為什麼我們雖然常常聽他們說，卻總無法完全了解他們到底發生了什麼事——這就像在問一個兩、三歲的孩子為什麼感到委屈一樣，是需要很多的引導及澄清的。

愛你、恨你與非黑即白
——期待被拯救，內心卻永伴惡魔

前三節講述了邊緣人格一些可供辨認的特徵，下面要跟大家講講，對於我們一般人來說，最難接受邊緣人格的樣貌與理由。

舉一個常常聽到的例子，這是在旅行時，很多邊緣人格都有的狀況。

小瑛很害怕跟小華一起出國旅遊，因為從規畫到真正出門，都應該是快快樂樂的過程。但不知道為什麼，小華最後總是會跟小瑛發脾氣，或跟導遊鬧不愉快。

導遊的工作，基本上就是讓大家開心地玩，甚至炒熱氣氛，說些歷史典故讓人投入其中。所以，一開始導遊都是相對主動的，這時小華總是會跟導遊很要好，相見恨晚般，天南地北地聊。

導遊的聲音在前面響起。

導遊：「右邊是待會要去的古蹟，大家可以進去瀏覽一下，保證物超所值！」

小華聽了很興奮，說：「看起來好有歷史啊！導遊大哥，介紹！介紹！」

「哈哈哈，當然沒問題，這個是……」導遊說。

小華：「真好玩！大哥，你好博學，這幾天我都跟定你了。」

這樣的場景，大概就是旅行中的樣貌，非常投入與熱衷的前期，通常是個好的開始。但，旅行總不會一直順順利利。

導遊在景點前解釋：「天候關係，這裡我們沒辦法待太久，拍拍照、上個廁所之後就要離開唷。」

小華：「為什麼要改行程？本來的活動呢？下雨就下雨啊，我們都有雨衣耶。」

導遊：「真不好意思，表演是戶外場地，活動因為天候取消了。」

沒想到，小華開始跟小瑛抱怨、竊竊私語。「呿，他是想A錢吧？罔顧我們消費者的權益，這個導遊根本有問題！」

導遊：「大哥，你說什麼？」

小華完全不予回應。

雖然問題不是出在導遊身上，但遇到這種情況，小華總是會馬上翻臉，甚至不配合、故意拖延行程，或是對導遊的安排有各種猜疑，並要求小瑛跟他一起行動，不然就要生氣。

小華擺出不合作態度，小瑛也被迫一起不下車、不一起行動，在背後唱反調。像是知道廁所在很遠的地方，卻故意說要去洗手間，或故意拖慢行程，好讓別人知道自己在抗議。

幾次衝突下來，小瑛對小華前後態度的反差感到困惑不已，也不敢再跟小華一起規畫出遊的行程了。

愛要愛得刺激，恨也恨得刻骨銘心

每個人都想要有個很好的關係和原生家庭，這件事對邊緣人格的家庭更是重要。在生活中，我們都在追尋或摸索這樣的緣分，但我在研究邊緣人格的成長史中發現，有八成的人經歷過被主要照顧者忽略或精神虐待等童年經驗。這表示，在他們的生命早期經驗裡，都有著或多或少的創傷過往，而這件事會一直影響他們到成年。

這些創傷所帶來的主要影響，就是會造成黑白極端的矛盾態度：對待別人敢愛敢恨，同時又時近時遠。

我的經驗裡，若諮商的開場偏向好的那一面，個案會像是愛上一個人一樣，掏心掏肺、全心投入，讓人馬上感受到他心中的熱情與快樂，交淺言深地提出很多內心感受或家裡的狀況。相反地，若是你有哪邊做錯了，他們也會因此而極度在乎、怨恨或計較，而那種憤怒往往是出人意料的。

這是因為，**他們想被一段好的關係拯救，也時刻在期待有這樣的機會，所以他們的付出總是那麼地強烈且自然。**以我的話來說，就是「口味特別重」的一群人。

他們愛要愛得刺激，恨要恨得銘心刻骨。在相處好的情況下，有些人會受寵若驚（特別是需要別人肯定的人），或是習慣於這種黏膩而沒界線的關係；有些人則會完全相反，感到窒息似的黏膩感，想跟這種人拉開距離。

當然，高強度且激烈的情緒無法長久，讓身邊的人更快感受到的，其實是他們在情緒上的變化。其中，最讓人難以接受的，就是他們總會時而親近，時而疏遠，完全隨著他們對外界極端且片面的感覺而定。

在他們心中，都有「惡魔的耳語」

和邊緣人格相處久了，除了讓人不喜歡他們愛挑剔、批評且極度容易焦慮的個性，除非我們覺察他的激烈起伏與極端的緣由，否則我們也容易被激起許多的不安全感，跟著疑神疑鬼，充滿對外界的擔心和焦慮。

為什麼會這樣呢？因為他們對負向經驗的想像，會讓我們也對外在環境感到懷疑。隨著他們繪聲繪影的分享，漸漸會讓我們也對世界持有負面想像，變成一種根深蒂固的感覺。當負向感受一直存在，就好像內心一直住著一個小惡魔，任何事情只要有一點點的不好，就會立刻連結到災難般的結果。這時，情緒就被引爆了，而且當事人自己並不清楚擔心跟焦慮其實是自己的想像，並不實際。

「旅行」對邊緣人格來說，就是一個無法控制的焦慮源，因為常會有層出不窮的狀況發生，而且無法預期。

其中的關鍵是，他們都希望事情是完全在「控制」內的。

以小華的例子來說，他認識了一個活潑、主動的導遊，而且主動跟自己釋放善意，這會在他心中形成一個美好的想像，希望這段關係盡興且熱情。當不如意的事情發生，就像美夢被戳破一樣，所有潛藏的黑暗都像洪水一樣出現，需要有一個宣洩的出口。他會期待有人即使在這樣的狀況下，也願意放下身段，好聲好氣地跟他解釋。但這些試探、威脅或是不合作態度，就像是內心的惡魔，最後還是會讓他們認為這個世界跟過去「一樣糟」。

而在這過程中，讓人難以接受的，是那個間接、婉轉的表達。明明內心有很多的不舒服、不開心，也希望狀況能夠改善，但卻是以背後告狀、到處訴苦、私下黑函的方式表達，甚至會說出大家都擔心的事情來挑撥離間。

在專業助人者的判斷下，我們會知道那其實是一個求救或申訴的訊號，表示他們正在害怕、不安，不敢將這情緒老實說出口，而像個在地上哭鬧、討糖吃的孩子。但在現實的人際關係裡，人們往往不會用如此正向的觀點去看待他們，而是看成「告狀者」、「背後說人壞話」等。這也是邊緣人格常常在人際關係中被攻擊、排擠的原因。

長不出的自我
——混亂、極端，靠他人的愛定位自己

前面已經提到了邊緣人格的兩個典型心理症狀：內心的不安全感，以及思考上的自我中心。

這一章節，我們來聊聊他們不穩定、混亂且極端的自我。

阿強看起來非常憔悴，在朋友們的詢問下，他才說自己和女友分手了。女友搬離家裡後，不再接他的電話，有時好不容易電話通了，也總是只說幾句話，就

以還有事要忙為由匆匆掛上電話，好像對阿強充滿恐懼和排斥。

幾個好友互相交換了眼神，小心翼翼地說：「不是總聽你說那個女的不好，不懂你，也不貼心？分了也好……」

阿強立刻說：「可是我沒有想分手啊，她一直說我凶，老是生氣，一直挑剔她，但我可以改啊，我只想要她跟我在一起。」

因為聽過太多阿強對女友的抱怨，大家心中都充滿困惑：「那你到底愛她哪裡啊？非她不可嗎？」

阿強也有點迷茫了，說：「我，我也不知道……我就是不想失去她。」

阿強聯繫了她周遭的朋友、家人，希望她回心轉意，也鬧過自殺、大肆吵鬧。他隔三岔五地打電話，甚至找過乩童問事，算命，塔羅牌，花了好幾萬元，就是想知道他們的未來。

阿強的態度，彷彿他需要什麼、愛什麼都不重要了，似乎只要能和女友重新在一起，一切都是值得的。

個體化不全：長不出的自我

混亂的自我，源自於不穩定、衝突的家庭環境。好經驗與壞經驗的糾結，造成他們對外在持有非黑即白的標準（你不是好人，就絕對是壞人），也造成對自我的懷疑，不知道自己是誰，並極度希望外在拯救。這些症狀的背後，代表的是一個人在生存過程中，為了適應外在環境所長出的心理狀態：不知道愛是什麼，也不知道自己要什麼；只有別人不離開，一直陪在身邊，才叫安全。

我是什麼樣子的人？是好人，還是壞人？

我為什麼要活著？我要靠誰活下去？

誰值得相信？誰會幫我？

誰才是我的家人？誰是我真正的朋友？

這些問題看起來既龐大又抽象，好像並不容易回答，但對一般人來說，我們多少知道答案。這些答案，建立了一個人對自己的想像與自我概念，若心中完全沒有答案，表示不知道自己想要什麼，也不存在自我認同。這是邊緣人格一種很常見的狀態，我稱呼它為「個體化不全」。

我們都知道，在愛情或朋友之間，邊緣人格非常重視關係，且有著高度期待。如果在開始互動時，你有任何讓他們會顧慮的地方，關係很快就會破碎、結束。但如果你幸運地通過了考驗，和他們成為朋友之後，你會看到或聽到他們對關係有很多強烈的不滿與批評。讓人難以理解的是，即使有諸多抱怨，他們也無法輕易結束一段關係，過程往往糾結而黏膩。

現狀充滿無窮痛苦，卻又對於「失去關係」難以接受，最主要的原因，就是**在個體化不全的狀況下，他們依然期待自己能生存及適應環境，但自我的存在感不夠，所以只能像寄生植物一樣依附著關係，靠著關係來維繫自己的情感與價值。**

為什麼會發生「個體化不全」？

在長大的過程裡，外在充滿壓力源，既緊繃又黏膩，這跟邊緣人格小時候的家庭混亂狀況有關。家庭對人來說，除了是安全堡壘之外，也是一個形塑對外界與對自己想法的地方，若是堡壘不再安全了，當然對形成人格有很大的傷害。

常常我在接觸邊緣人格家庭時，會發現家庭成員彼此的關係有很多無法言喻的怪異之處，像是家人之間會過度地黏膩或完全疏離。

為什麼說是怪異呢？因為黏膩與疏離這兩種相處模式同時存在，而且沒辦法預期、掌控何時會出現哪個模式，完全依照主要照顧者的心情與主觀在決定。可能上一秒甜蜜而緊緊相依，下一刻卻又衝突、完全疏離，或強制掌控。關係之瞬息萬變，完全無法預測。

完全沒規律而極端的照顧者，會造成孩子為了適應環境而過度依賴或在乎外在的評價，也就是所謂照顧者的主觀，俗稱的會「看臉色」。

一個需要看臉色才能活下去的環境，會嚴重影響孩子自身個體化的發展，阻礙他長出獨立自我的人格。

孩子年幼時，大部分自我的發展都依賴成人給予的評價，如果這個評價是混亂、不穩定的主觀感受，孩子就會學到「要去討好或順從大人」，總是藉由他人的態度，去判斷自己是否完美、有價值，並在極好與極壞間擺盪。假若他人對自己無法維持一定的重視與接納，就會像失去所有一樣，失去對自我價值的信心。

從關係裡取得自我認同

邊緣人格平常與人相處時，即是依賴著別人的陪伴來定位自己，也期待著能找到一個願意被「黏」的人。

當他發現依賴的對象不能持續給予他所要的肯定與稱讚時，就會連結到關係的負向結果——心裡的空虛感受，不滿意的感受變成家常便飯，因而讓關係裡的人都非常痛苦。

他們其實多少也知道自己的問題，願意在表達不滿意後道歉，甚至刻意說些甜言蜜語，讓對方覺得情況其實沒那麼糟，但同樣的爭吵卻又會在短時間內不停重演。

其實他們始終不知道愛的感覺，也不清楚自己究竟在想什麼，但卻強烈渴求有人可以為他們填補內心的空洞與脆弱。空虛感推著他們一直往前走，學會去討愛，學會去爭吵。他們不知道自己有資格去期待被珍惜，以為要靠採取一些手段或爭吵才能達到自己的目的。在他們的人生中，有很多的辛苦跟委屈，就算對方此刻信誓旦旦地說愛，內心也會不由自主地猜疑，想透過檢驗來確定對方是否心口如一、會不會欺騙自己。

當然，這類型的人也有穩定的時候，多數人在結婚或家庭狀況穩定後，若遇到一個不離不棄的伴侶（拯救者角色），一個願意聽話、想了解他、讓他能說出內心苦楚的人，就會感覺到陪伴、不孤單，有人在心裡（通常需要數年以上的相處）。特別是在無條件的付出與陪伴下，他們的狀況會漸漸穩定，家的存在會讓症狀逐漸減輕，不容易再因內心深處的不穩定因子而煎熬。不過，一般來說，並不是每個伴侶都願意成為那個拋棄自我、互相依存的角色，大部分的人都希望能在保有自我的前提下，在關係中相愛、相識，從對方身上得到愛與被愛的滿足。

關不起來的敏感接受器

——善於同理，卻過度解讀

當我們談論到邊緣人格是否有遺傳成分，勢必會接著談到他們的共通特質——高敏感。因為高敏感體質有遺傳的可能，它指的是高度的人際敏感度與觀察能力，而這在邊緣人格中，也是一個必然會有的現象，他們往往感性、敏銳、善於表達內心情緒。

高敏感的他們，在各場域的行為表現

以家人來說，他們會很在乎生活中一些重要的相聚時間。除了大大小小的節日外，所有家庭成員的生日他們都能一一牢記，並在第一時間送上祝福或專程到訪。尤其是伴侶或在乎的小孩，他會以特別重視的方式，去表達自己如何在乎對方，亦會期待對方能夠立即給予回饋，讓他們覺得自己這樣做是很棒的、被肯定的。若得不到他們所想要的回應（高度肯定），內心的失落感會瞬間轉為怨懟，由失望產生的情緒讓他們充滿委屈與憤怒，進而產生更多的控制與勒索。

以朋友來說，他們會是很貼心、溫柔的朋友，容易貼近別人的內心，去聆聽對方的心事與感覺。同樣地，對於感受與情緒，會有很多的見解，容易跟人有深層的交流。不過，這並不是一般人所習慣或偏好的交流方式，甚至會有負擔。因此在很多情況下，要找到一個能夠理解跟回應共鳴的夥伴相當不易，這也更加深了他們孤單、寂寞與不被理解的感受，直到遇見有類似特質，或是有同樣負面經驗的夥伴，才會一拍即合。

以伴侶來說，邊緣人格常在感情中有一見鍾情的現象，因為他們能快速予人深刻的理解與共鳴，進而產生好像認識很久、相見恨晚的觸動。在我的諮商經驗中，一談到個案的戀愛史，就會有很多閃婚、衝動的性關係與特別浪漫交心的情節。如果彼此都是邊緣人格，也特別容易互相吸引，在一開始都是一段羅曼蒂克的愛情。或者，若是「無條件的拯救者＋悲情的邊緣人格」這樣的組合，則會讓他們在高敏感的情緒交流與單方面付出下，互相療傷與接納。只要生活中沒有出現焦慮源，生活就會一直充滿樂趣。

邊緣人格的同理矛盾

高敏感的好處是能夠快速理解別人的感受與需求，壞處則是會不停地從外界接收自己所無法控制的訊息。

這類型的人，往往有著超強的天線或是接受器，讓他們對於別人的感受有著相當敏銳的同理能力，能夠接收得又快又準確，甚至比一般人代入別人的感受更加同理。

但另一方面，**也因為他們對外在現象過度敏感，容易對危險或意外有很高的警覺性，解讀訊息時，往往是用最糟的概念來理解，也會表達出高於實際危險程度的防衛心。**

在心理學上，我們用「邊緣人格的同理矛盾」（Borderline Empathy Paradox）來稱呼它。

我們都知道，邊緣人格有著異於尋常人的敏感接受器，光是聽到某些訊息或看見別人的臉部表情，就能很快地讀出別人的感受。但也因為如此，在同理別人的過程中，會接收到一些連對方自己都沒感受到的訊息，並傾向於負面解讀。

舉例來說，也許你只是在聊天的過程中談到擔心家人的身體，但邊緣人格夥伴可能已從你的表情，讀到你對家人也有一點點的不耐煩與憤怒。他一方面看到你對家人的關心，一方面也發現到你沒表現出來的厭惡（這個厭惡可能連你自己也沒覺察），兩相矛盾的訊息對照下，認為你其實沒你說的那麼好，進而對你有防備心與排斥。抑或像是我們一般的人際互動，常常都是以與人為善開始，但是邊緣人格夥伴卻會認為「無事獻殷勤，非奸即盜」，認為只要是沒經過證明的好意，更可能懷抱著壞心腸的想法。這些都是所謂的同理矛盾。

高敏感與環境的關係

高敏感體質是邊緣人格共有的特質，假如在好的環境下，成為邊緣人格的風險就會降低，但如果身處的環境不佳，高敏感體質的高性能接受器就會變成一個無法終止的魔咒。例如，伴侶跟異性有約、家人不遵從自己的期待、職場上人際關係不如意等，這些焦慮源往往就是他們人生悲劇的開始。

他們很容易覺察到小小的不如意或別人的感受，往往會期待每件事都是完美無缺、沒有瑕疵的，也容易把一些跡象做個人主觀的想像與延伸。

如果事情發展順利沒關係，但如果發展得跌跌撞撞，對他們來說，往往就是天大的問題與失敗。他們很容易因而自我放棄、逃避，把過多的負面想像放在心裡而不自知，將過多的不安、害怕或是控制環境變成自己人生的一部分，累積成一連串的自我挫敗。

逃不開的悲慘與衝突
——永遠帶傷看世界的被害者

一位從念書時期就認識的朋友，一直以來人緣都不錯，也會認識不少異性友人。奇怪的是，他很難有長期穩定的好朋友或伴侶，總會莫名其妙地跟人發生衝突。常常從他口中聽到很多對周遭不滿意的事情，像是朋友不了解他、忽略他，伴侶不忠貞，愛情不如人意，或生活中有諸多不順遂等。每次他都會跟不同的人有新的摩擦，每次碰面，聊的幾乎都是對這些人的抱怨和不滿。

在剛開始的一段時間裡，我對他有很多的同情，也覺得這世界對他未免有太多的不公平。但漸漸地，有個直覺產生了——和他相處的人，應該很難跟他和平相處，因為他在我面前的抱怨真的太多了，他有太多地雷和容易生氣的地方。

每當有事情發生，很容易會認為是別人在針對他、背叛他或是說他壞話，接著就是翻臉或急得跳腳。雖然他從來不缺朋友，也知道如何在新的地方吸引別人的關注或喜愛，但最後總還是變成一個被害者或難搞的角色，繼續四處抱怨、申訴，往往會引發別人更多的攻擊、衝突或是排擠，最後就是完全的決裂。常常可以聽到他跟哪個人又對簿公堂，或是投訴了哪些地方後悄悄離職……

自我應驗預言：邊緣人格對世界的悲慘想像

剛開始了解邊緣人格時，你可能會發現很奇怪的現象，他們在職場、人際關係方面，總是會遇到很多對他們不好或是欺負他們的人，甚至有很多悲傷的悽慘際遇。不管他到哪裡，都會變成悲劇的主角，彷彿社會、人群充斥著不公不義的事情，甚至每次跟別人起衝突，似乎都是受了委屈或被欺負。你搞不懂，為什麼他會一直遇到這樣的事情。

以專業心理學的角度來看，邊緣人格帶著一種「悲慘世界」的框架在看著世界，因為這些框架，讓他們打造了邊緣人格特有的「自我應驗預言」——**我認為人性本惡，所以眼中看到的世界，真的就都充滿惡意。**

這樣的心理過程，代表邊緣人格完成了對環境的「投射性認同」。意思就是，在他自己無意識的操作與控制下，完成了對這個世界的核心看法。

「我希望有一個真正愛我的人。」

「世界很危險。」

「別人都在講我不好的東西。」

「我是一個沒價值的人。」

「沒人會真的愛我。」

「死去才能知道誰是真的愛我。」

這些看法，都是在他心中不停打轉，自己卻不一定會知道的念頭。

取暖式抱怨不斷

從所有案例來說，最常看到的是某個人很快地跟某人在一起，感情很快地升溫，也很快地爭吵，很快地分手。當你問那個朋友，絕大多數的人都不想再提起這段慘痛的回憶，只說關係斷得相當決裂。特別的是，這種人往往也很習慣這樣的過程，衝突發生之後，不直接面對問題、解決衝突，往往會採取間接或婉轉的方式，常讓人覺得他們是在背後操弄問題。要是狀況始終沒改善，就會自動消失一段時間，換個地方工作，重新開始，或是完全斷絕關係，老死不相往來。

他們一面認為自己受到很大的傷害，一面又繼續維繫自己對這個社會的憤恨與不信任。

邊緣人格的生活很不容易，讓人還覺得可以幫助他們的，就是他們還抱持著一線希望。他們希望自己與眾不同，希望找到拯救自己的天使；社會在他們的夢想中，仍然有著一絲光明的可能。

然而，他們尋找光明的方式，就是一直釋放負面訊息，向不同的人抱怨或傾訴悲慘際遇，渴望藉此得到完全的理解與支持，或是別人的主動安慰。想當然耳，這就像動物一樣，受傷之後更難安定或是信任別人的照顧，於是，他們容易找到跟自己有相似負向際遇的人，或是經歷過但轉而付出的人。

兩個受傷的人雖然可以互相取暖、彼此陪伴，但長久來看，並不能讓他們解決自己的問題。兩個在類似世界裡的人，依然會繼續陷在悲傷的故事情節裡。

保持適當距離，以策安全

在文章開頭的故事裡，我跟那位朋友之間，唯一能讓我們繼續維持朋友關係的原因只有一個：我們一直保持著適當的距離，不會太過緊密。我對他沒什麼要求，他對我也沒有太多的期待，所以對我來說，偶爾接觸他不會有壓力和情緒。他跟我碰面時，也不會要求我要有多深的理解，但他想說的，我都會認真聽（至少要聽懂他哪裡可憐，並能安撫他），並且不試圖去改變或解決他的問題。

我在心中跟他保持著距離，沒有太過深入他所談論的這些事件，只是當一個稱職的情緒出口，聽他莫名其妙代入自己的悲慘故事，也聽他說著為了故意報復而產生更多衝突的故事。曾經有段時間，我們接觸得較為頻繁、關係較密切，我嘗試幫助他，給他一些正向角度或不同的觀點，卻引爆了對方的猜忌與懷疑，差點連朋友都沒辦法做。

為什麼給予不同的觀點會觸發地雷呢？

一來，因為很多事情實際上並不如他們所以為，有很大的成分是他們自己所添加的腳本與故事，才會有那麼多羅生門的狀況，你怎麼跟他談都說不清楚。二來，這些觀點不是他們相信的，他們腦海中的基模——世界悲慘、不值得肯定的觀念根深蒂固。所謂的開導，對他們來說只是一些不實際的粉紅泡泡，社會與人生就是血淋淋的人性黑暗面，你說得愈多，只會將他們推得愈遠。

得不到你，就傷害你
——控制、報復、自傷與傷人

聽到恐怖情人，你會想到什麼呢？偏執？操控？情緒起伏大？在這章節裡談的邊緣人格，是最痛苦而充滿悲傷的部分，是他們內在對自己脆弱、無力的想像——不會有人真正愛我，不會有人關心我，我遲早會被人拋棄。

一名妻子，跟他相愛相識的先生結婚五年後，漸漸有愈來愈多的不滿與怨恨，認為另一半失業，在婚姻中投入不夠、結婚紀念日不夠用心等。為了讓先生受到跟自己一樣的痛苦，妻子計畫要傷害自己，然後消失，再構陷先生是殺人凶手，並報警、告知媒體。

為了得到自己所需要的資源，她把自己的肉體當成籌碼，設局讓前男友來幫助自己，最後甚至殺了他，更設計出一連串的跡證來指涉自己被對方強暴。過程裡，這位妻子摧毀了自己所擁有的生活，傷害自己後再去驗傷，假造自己被家暴，甚至看著電視上另一半的窘迫，享受報復的快感。她甚至想過要以自殺的方式讓先生終生後悔莫及，直到看見先生妥協，在螢幕上道歉、悔改，才放棄更激烈的手段。她成功操控了先生，這是她最後願意回頭的理由。

得不到你，就傷害你

這是電影《控制》的劇情，也是邊緣人格在嚴重自我傷害、毀滅關係時的樣貌。

不只電影，我們在很多媒體或新聞中也會聽到，有些人因分手而自殺甚至傷人的消息，那非常地駭人聽聞，令人擔心起自己的處境，也會有些專家學者跳出來，討論反社會人格的可能性（無同理心，缺乏對人、社會的認同感），但這其實是很大的誤解。

多數這類情殺的案件都有邊緣人格的影子，也不難看出在很多情節中有些相似之處，像是浪漫而甜蜜的開始（那是充滿同理和喜愛的），而後開始分分合合、吵吵鬧鬧或出現第三者，甚至為了控制對方不准離開、分手，而有傷人事件，之後也開始傷害自己（自傷或自殺）。

仔細分析下來，你可以發現這些傷人、破壞的行為，都來自邊緣人格對他們心目中的理想父母——伴侶，懷抱希望後，又再度失望、傷心，背後充滿過往被人拋棄與關係失落的糾結情緒。

這些錯誤、激烈行為的目的，都是為了控制或報復——控制他們深愛的人不准走，報復他們再一次地讓他們對關係失望（就像他們的早年經驗一樣）。

內／外向報復

報復的行為反應有很多種，大致可分為內／外向兩種，通常外顯的大多屬於男性，內顯則多屬女性。無論哪一種，都來自類似的動機。

・外向——報復控制型

有明顯的衝動行為，做事情通常不考慮後果，也經常與人爭執、衝突。尤其當衝動行為受到阻礙或批評時，易爆發憤怒或失控行為，且無法控管此情緒。

對於缺乏立即性回報之事，缺乏行動的持續力，不穩定且善變。常因為事情不如預期，希望控制對方或是報復對方的傷害而出現衝動行為，例如傷人、撞牆、威脅等。

・內向——人我邊緣型

對於自我的內在形象、目標、偏好上充滿不確定感，不清楚自己要什麼，常有持續的人生無意義感。因此，容易涉入刺激且不穩定的關係，試圖來滿足自己，反而導致強烈的情緒困擾。因為想避免被拋棄，會以自我傷害或自殺的方式勒索對方。

悲劇何以釀成？

深入來說，邊緣人格平常沒有危險行為，也和一般人一樣，生活在我們的周遭，頂多個性上有非常多的地雷，像是對人際關係有高度期待，或在某些事情上容易偏執、過度在乎等。但若是牽扯到感情或是重要關係，特別是面臨分手或關係的失去時，這類型的人特別容易失控或想報復對方。典型的案例有臺大宅王殺害幼稚園老師、臺大潑酸案。

在這些案例中，兩人的互動過程，通常是男方在各方面都有很多付出（數萬元的花費，無數的時間與夜晚），女方則感覺到各種精神壓力與控制、逼迫，要求搬出男方家並提出分手。男方不接受，懷疑是女方移情別戀才想拋棄他，一面猜疑、憤怒，又一面不停挽留。

悲劇發生前，通常會有浪漫或是激情的邀約，想用這樣的方式讓兩人重溫感情。但事與願違，兩人仍有許多爭吵，男方並想透過性關係來證明兩人的愛，甚至想拍下性愛影片當作威脅、勒索的手段。這些行為反而讓女方感到非常羞辱，堅決分手，並向外求助，找人來保護自己，最後導致男方採取毀滅一切的做法——殺害女方，接著自殺未遂。故事落幕後，往往是深深的悔恨與抱歉，跟社會大眾的無限遺憾。

激情→控制→分手→撕裂→報復

前面提到的真實案例，都不是單一事件，很多類似的社會案件都能看到這樣的脈絡：激情→控制→分手→撕裂→報復。

其中充斥的是自我的脆弱與懷疑；愈愛對方，愈要控制對方。因為不相信自己會被愛，唯一的方法就是控制對方。然而，愈是控制對方，愈會造成更多的傷害，最後失去關係，繼而開始報復與毀滅一切的計畫。

這些悲劇都是在平常的關係中看不出端倪的，他們也有朋友與家人，日常生活有讓他們偏執而穩定的目標（課業、賺錢）等，但是當真正在乎的人事物發生問題，他們有著常人無法比擬的偏執與恐懼。而他們為了避免最害怕的事情發生，或是為了報復那個被拋棄的結果，可以連自己都一起摧毀。

追根究柢，邊緣人格覺得自己的人生既無意義也沒價值，一旦出現對自己來說很重要的人事物，往往就會不擇手段地留下他／它。於是，在很多情況下，用自殺或是傷害自己的身體來威脅對方、讓對方多關心自己，或瘋狂地投入進去，就成為唯一能有效測試關係的方法。

PART 2

掙扎求生的苦痛

起因與社會脈絡

我一直覺得自己怪怪的，常常哭，容易覺得空虛，沒有人可以真正了解我。

我好希望有人可以幫助我，陪我哭，陪我笑，讓我感覺自己不孤單。

我也曾經尋求專業的協助，但是連心理師、醫師也說不清楚我怎麼了。

我好無力，我覺得好痛苦，不想再繼續這樣下去……

我什麼事情都不想做，很懶得做，但是也很難不管，人生真的好辛苦好辛苦。

我總是會想到死亡，會不會死亡反而是比較輕鬆的事情呢？

我居然遇到了很棒的人，他體貼、善良，我總算找到一個真正對我好的人。不敢相信！

但是他會一輩子對我好嗎？

我想結婚，想擁有自己的家。我想要擺脫我自己的原生家庭。

我知道我不該一直狂打電話，不該一直懷疑他，但是我真的真的好愛他，好需要他，難道我這樣做錯了嗎？

我希望他能一直陪著我，一直。不能出任何的差錯，絕對不行！

＊＊＊

羅馬不是一天造成的，邊緣型人格疾患絕對是需要被協助的。第二章節讓我們從邊緣人格的角度出發，不光是看他們，也看看這個社會所產生的問題，以及為什麼就醫對他們的幫助有其限制。

邊緣人格的成因與相處之道

——沒界線，是問題的開始

根據周遭跟邊緣人格相處的經驗，可以確定的是，往往一般人跟他們之間的錯誤模式都從一開始接觸就已造成。特別是很多人都會因為一開始的美好經驗而有先入為主的觀點（對方對我很好，我怎能拒絕），反而導致之後相處互動上的衝突，與對這類型的人的誤解。

讓我們從例子裡來細看裡面的眉眉角角。

他可能是你的同學，在一次團體報告的討論中，你們發現彼此想法很契合，合作得很愉快。你開始找他一起吃飯，對方也會詢問你的生活細節，甚至之後的每次報告都喜歡跟你在同一個組別。你們討論著對每件事情的想法，他期待兩人觀點完全一致，若有些爭論，就會用強硬且暴怒的語氣指責你，讓你有些不舒服。不久後，他又像從沒發生任何事一樣，來找你聊天。

她可能是你的新鄰居，在你剛搬新家沒多久，她便送來禮物，關心你的生活。你以為遇到了一個熱心親切的人，也想多認識對方，奇怪的是，她從不讓你進到她家參觀，總是講了很多理由拒絕你，但卻很喜歡來你家作客，拜訪的時間也常不固定。不久後，你聽到一些關於你的消息，都是由這個新鄰居口中傳出的，裡頭有很多不好聽的話，那些都不是事實，你氣憤地找她理論，她卻說那些都是別人講的，跟她無關。

他可能是你的老闆，在一開始的面試中，你感覺這是一位親切和善的前輩，進入公司後，他常常體貼地照顧你。你以為自己遇到了貴人，你們兩人又親密又熟悉。有次，他跟你說起私事，下班抓著你講心事到很晚。反覆幾次後，他開始要求你加班完成工作內容，對細節也有很多不尋常的苛求。某天你家裡有事，面有難色，正想著如何回絕時，他卻開始說些酸人的話，也把之前對你的好拿來當籌碼，好像完成這件事是你應盡的責任、義務，除非你答應他的所有要求，否則就是忘恩負義。

這些事情給你帶來很大的衝擊，心裡有強烈的違和感。之前的那個善良、對你好的人，跟現在你所知道的他判若兩人。你甚至懷疑起是不是自己做錯了什麼……

沒界線，是一切問題的開始

很多時候，邊緣人格給人的第一印象都很甜美，他們主動、多話、親切、幽默，也會適時地講點有趣的笑話，感覺是個滿好相處的人，只是有時講話會欲言又止、似有言外之意。雖然你們不熟，但他通常會交淺言深地跟你聊起隱私，特別是一些強烈、刺激，甚至是負面的話題。

通常談話是由他們主導，因為這跟他們的所思所想較貼近，也是他們真正想聊的東西——不只牽扯到事件，有的則是私人經歷（例如一些跟性有關，或攻擊類、批判性話題），事件不會講得很具體，但會有很多尋求情緒支持與宣洩的歷程。在開始聽到的時候，你會有點驚訝但往往會不知不覺聊得很深入，很快地，你們相處上開始有些親密語言或肢體動作，你認為那是好的互動，讓你覺得關係是很好、很靠近的狀態。

然而，**親暱、沒界線的相處，就是一切問題的開始。**

認真說來，**「沒界線」是華人文化的通病，一些干涉或指導的話語，特別容易在關係中產生。**交淺言深或突然插手、分享，都被視為一種關心或協助——所謂的「為你好」。在大多數時候我們都挺習慣，或不好意思拒絕別人的好意。雖然心裡覺得不太自然，但並不會認為這樣的行為是過頭或不恰當的，而會看成是一種建立關係的過程。

假如狀況一直這樣，也許沒有太多的問題，但問題是，對方會漸漸顯露出任性（自我中心）和緊迫盯人（不安全感）的特質。

以我諮商的經驗來看，如果之前交淺言深的狀況你接受了，接下來他會很快地想在你的LINE、FB、IG，或是其他可以跟你有接觸的管道產生更深的連繫，進入你的生活。當他問起下一次見面的時間，你腦中可能會閃過一絲不安，覺得對方好主動，但因為前面相處得不錯，就不自覺地答應了對方的要求。

這時，事情正漸漸地超出你的預料。對方開始不考慮你的感受，任性地說些麻煩的情況或時間，也不停在類似的負面狀況中打轉，開始對你有愈來愈多的質疑或是更親密的要求，例如電話總是講很久，或半夜跟你聯繫。起初你也很想幫忙或是給予協助，希望對方可以走出陰影、過得更好，但總是事與願違。可能早就約好的行程，但時常因為他狀況不佳而更改時間，你只好調整自己的生活，再三妥協。直到你也開始感覺無力，對他不耐煩，開始逃避或假裝自己沒有時間。

重新回顧整個歷程，一開始的問題，就是過度緊密而沒有界線的相處。**這種相處模式不但對邊緣人格沒有好處，反而會造成他得失心過重，害怕被拒絕、害怕你的冷淡，加上得寸進尺的自我中心，最終毀掉整段關係。**這些人際模式，往往都是我們一開始沒有察覺的，等到察覺時，要再重新跟邊緣人格夥伴拉起界線，已非常辛苦、衝突，所謂的覆水難收就是形容這種情境了。

邊緣人格的成因

問題來了，我們每個人都是媽生爹養的，到底什麼才是「讓人焦慮、緊張且高壓力的環境」，會造成這樣的心理狀態？它從何而來，最重要的經驗又是什麼？

簡單來說，邊緣人格的核心狀態，是廣泛型的不安全感，而會造成不安全感的原因，有下列幾點：

- **兒童期的不良照顧經驗（孤單、疏於照顧或過度管控）。**
- **童年時期的分離或創傷經驗（父母離異、性侵、霸凌、家暴、貧窮）。**
- **家庭裡頻繁衝突、冷漠氣氛，忽遠忽近的對待。**
- **邊緣人格照顧者的神經質、焦慮、控制狂及不安全感傳承。**

以上幾種原因，你可以發現這種人格的成因，其實是後天的外在環境與敏感的先天素質兼而有之。我們知道，安全感可以從家庭教養去做調整或彌補，所以真正的關鍵，後天還是大於先天。以下讓我們從各關係層面來好好說明。

・家庭互動

讓我們先從家庭說起，這類型的人一般都是對關係及愛非常渴求的人。那麼，難道是家裡給的愛不夠嗎？答案通常是「YES」。

以邊緣人格的角度來說，從小成長的家庭環境充滿很多情緒及壓力。往往照顧者是情緒不穩定的家長，會因為小事情而發飆或開心，情緒起來時，常會以各種方式進行言語怒罵及攻擊，像是：「生豬都比生你好，我寧願沒生過你，你跟你爸一樣差勁！」但在照顧者心情好（或憂鬱）時，又十分渴求孩子在身邊，也異常黏膩，說出「我好愛你，你不要離開我，我知道你跟你爸爸不一樣，對嗎？」這種話。

照顧者情緒起伏不定，會讓孩子對外在環境充滿焦慮，不知道快樂是什麼，甚至相當習慣於這種高張力、高衝突的相處模式，進而把衝突誤當成愛的表現。同時，也非常渴望能夠脫離家庭，或以自殺來脫離痛苦。邊緣型人格疾患發病後，對於照顧者的態度也相當激烈，會有口頭或肢體上的攻擊情況，也常與照顧者爭吵或是完全疏離。

・愛情或對手足之情的憧憬

從愛情來說，他在關係上當然是既期待又怕受傷害，**對感情的需求其實就是為了填補空洞的安全感，也像是在尋找完美父母來照顧自己一樣。**因此，你會發現他對任何關係都是小心翼翼，甚至寧可放棄關係也不輕信任何人。但如果有天遇到了好的人，則會很快地打開心防、全心投入，希望能夠彌補自己小時候沒被好好對待的「遺憾」。也因為愛情或關係在不知不覺間變成過去失落經驗的替代品，會使用各種不擇手段的方式去達到目的。這種激烈的索愛方式，不滿足就威脅、情感勒索、自殺等，都是一般人難以承受的。

・人際情誼

從人際關係上來說，他們在人格特質方面，**會特別想去吸引別人的注意力，也希望大家的焦點在他們身上（安全且不被拋棄）**。因此，這類型的人學會風趣，懂得開玩笑、虧人，知道如何揣摩別人的心理與想法（因為從小就必須學會討好主要照顧者）。你會發現他們身邊永遠不缺乏異性，常常喜歡跟異性相處，但不喜歡說自己家的事（就算有，也是負面的抱怨跟批評），所以很難有深入交往的朋友，總是玩鬧性質的異性居多。即使結婚或有了伴侶，還是常會往外索求，以尋找那個「理想的伴侶」、填補未滿足的空虛或解除焦慮感。

另外，因為對周遭的看法都帶有威脅性，調笑時你們是好朋友（特別是異性），但若真的發生衝突，則會快速決裂、不敢面對（認為別人都會攻擊自己、傷害自己），特別是在熟人面前，他們非常愛挑剔也具有攻擊性。

他們往往表面風光，實際上卻讓人完全摸不清他真正的內心世界，也常常會與人鬧翻、乾脆獨來獨往，或是只有從小認識的幾個老朋友才能接受他。

發病與病識感

邊緣型人格疾患的好發時期，大約是青少年到成年初期，開始要去發展自我認同或尋找人生意義時，以高期待混合內心的不安所產生的人格特徵；臨床發現病人以女性較多（因為較重視關係），且容易與其他精神疾病有共病[2]現象，特別是憂鬱症或焦慮症（不安所產生），也有人合併用藥、酗酒的行為。

因為扭曲（陰謀論）及不安的世界觀，自我中心傾向嚴重（有安全感才會發展人我關係），他們對自己的問題往往沒有感覺，或是積極想要幫助他們的人較少，傾向將現實問題解讀成被害、被欺負，「是別人的問題，跟我無關」。

華人社會中，這些狀況太過普遍，因此，意識到自己有狀況並求助、就診的案例在臺灣不多，大都是處於時好時壞的未爆彈狀態。

2 共病，病人在接受治療的主診斷之外，其他已經存在、且會對這次的主診斷疾病產生影響的疾病狀況。

邊緣型人格疾患的特徵與防衛機制

——猜忌，讓他們成為安全關係的絕緣體

我們都知道，幸福、健康的感情關係，建立在信任與互相的基礎上，若有人一邊懷疑，一邊還執著地要愛，甚至在愛情中持續抱著時時刻刻猜忌的心，那麼，這樣的感情會是一輩子脫離不開的痛苦根源，也是我們常常聽到的「歡喜冤家」。

其實這樣的人並不少，甚至在我們的朋友之中屢見不鮮，但這裡我想提出來的是，信任在心理學裡，本來就是建立在一個能掌控、可預測的基礎上，特別是在一個穩定的家庭背景下，經過學習後慢慢累積而來。如果我們在感情裡被背叛、被拋棄，或是莫名其妙地被拒絕，就會產生一種不安全感而無法再單純地相信人。可能會因為害怕受傷而不容易投入感情，或是在感情中，特別容易疑神疑鬼，時刻擔心自己成為被拋棄、被傷害的人。這時候，一般人需要很長的時間慢慢自我修復、療傷，但會慢慢變好。但邊緣人格是無法靠自己變好的。

邊緣型人格疾患的特徵

接著我們說明一下邊緣型人格疾患的特徵。

我們都知道他們大概就是一個跟自己或別人都無法好好相處的人，他們對自己和別人的觀感，一直擺盪在極端的好、壞之間，總是有著很緊張的關係和想像，但又異常地需要別人。幾個顯著的特徵如下：

- **非常努力於避免實際或想像中的被拋棄，在關係中緊迫盯人，或是希望在群**

體中成為鎂光燈焦點，極度愛面子。

- 不穩定且緊張的人際關係。不是零分就是一百分，常跟朋友爭吵至決裂。
- 常有認同障礙。自體形象或對自體感受持續明顯不穩定，不確定「我」是誰。
- 可能導致自我傷害的衝動行為，對自己的人生充滿虛無及焦慮感。
- 重複出現自殺、自傷的行為或威脅，希望別人會因此順從他。
- 心情反應激烈且情感表現極端，一下很愛你，一下對你很生氣。
- 長期感覺空虛、寂寞。
- 常表達不合宜且強烈的憤怒，或難以控制憤怒情緒。
- 壓力很大時，可能有暫時性妄想或解離症狀。

內建自我防衛機制

我曾經遇過這樣的朋友，也試圖要建立信任關係，但往往事倍功半。他們會記住所有你做過而他覺得錯誤的事情，不停地拿出來證明「你是不可靠的」；發生一點小事情，就會選擇避不見面、逃避，然後在其他朋友面前一直說起不滿意的地方……這些行為，我在認識的朋友身上都看過，不管是在念書還是工作時，甚至只是與他共事的學長姊。

他們為什麼這麼做呢？因為他在保護自己。

在現今社會，外在環境的變遷讓安全感的建立更加充滿挑戰，尤其現代通訊媒體提供了許多交友，甚至是發生連結的機會。一夜情、砲友、開放性關係這些名詞的出現，讓朋友與情人間的關係開始發生微妙的變化，有時我們容易迷惑於這些文字訊息中，不知道其中有多少是真心誠意的情感流露。

在邊緣人格的世界裡，尤其如此。

他們會很輕易地釋放些曖昧、模糊的字句來試探別人、靠近別人，卻從來不輕易承諾。他們在親密行為上界線很模糊（容易發生性接觸），但在心裡跟人的關係總是不安、疏離的，常常搞得別人摸不著頭緒，或是反而會試圖向對方證明自己的可靠。他們在潛意識中無法停止猜忌與懷疑，也比一般人敏銳，但對於關係的變化傾向負面解讀，會不斷地確認彼此的情感連結是否真實。

猜忌的確是安全的，能遠離一切危險的根源，但這樣可以讓自己幸福嗎？事情沒那麼簡單。照理來說，在選擇伴侶時，他們應該選擇跟家人不一樣的類型——較安全、穩定、可靠的伴侶。但實際上，那些條件好的對象常會被他們優先淘汰，一方面是自慚形穢，認為這樣的人不會跟自己在一起，一方面也會懷疑對方遲早會離開自己。最終，邊緣人格反而會不自覺地被類似邊緣人格的人吸引，因為這樣的人格特質才是他們從小到大習慣相處的。

迷戀於危險、刺激的關係

他們依戀於危險、混亂的關係，那讓他們感受到愛戀的刺激與誘惑，卻也同時對這樣的伴侶關係充滿怨恨，又不肯輕易放棄，只能藉由反覆地控制、威脅與攻擊對方，希望伴侶就範，擠進自己想要的那個「理想」框架中。

明明理性上知道這種人的問題，感性上卻又不知不覺被吸引。從這種相處中，感受到愛情戲劇般的張力與刺激的同時，卻也讓猜忌和懷疑變成生活中習以為常的事，痛苦、背叛漸漸成為日常的一部分。說到底，邊緣人格的夥伴習慣性地選擇這種刺激的伴侶，卻沒有覺察到自己已經選擇了永遠猜忌、害怕的路。他們持續走在這樣錯誤的道路上，愈走愈遠，愈來愈焦慮，也愈不可能擁有想要的安全關係，反而更深刻地自我驗證了人性的黑暗面，無法自拔。

舉例來說，像是當黑道老大的女人、搶朋友情人的小三，抑或惡名昭彰的花花公子、花蝴蝶，這些在社會關係中較無法被接受的愛情，都會是他們理智上排斥，但情感上卻容易被吸引的選項。

除非遇到一個可以接受控制，其他方面又能滿足邊緣人格重口味的需求，才能讓邊緣人格願意投入情感當中。

他們是受家庭經驗所影響的可憐之人，一輩子都在努力不要重演原生家庭的悲劇，但諷刺的是，正是如此避免受傷的努力與猜忌，讓他們處於遍體鱗傷的困獸之鬥中，也造成永遠的悲傷結局。

無所不在的恐懼

——為了不被傷害，而控制、依存與勒索

不安源自於恐懼、害怕，是人最本能的反應之一，也是推動人行為的關鍵。我們來看一個例子。

「敏雯，我的男朋友又在管我了。」小芳說。

「他一直要我鉅細靡遺地告訴他我去了哪裡，在大家面前也要跟我牽手走在一起，但是我覺得好恐怖！他為什麼要這樣？被大家知道的話別人會怎麼想？他們會不會在背後說我什麼？」

「他這樣一直管我，還跟系上同學聊起我的隱私，跟朋友討論我的事情，我常被他的行為嚇到，他是不是在跟大家說我的祕密？」

「他還說要接送我，他是不是要藉此監視我？我好害怕，怎麼辦？敏雯，我真的好怕！」

小芳滔滔不絕地說著她的擔心。

小芳隻身離開臺南的家到臺中就學，一入學就認識了同系的碩班學長，兩人很快就成為男女朋友。一開始，男友的陪伴讓小芳對於獨身在異地生活的恐懼緩和不少，但是相處過程中，男友的大男人想法和習慣讓小芳感到壓抑又不自由，男友處處都想貼近小芳的生活，希望可以陪伴這個離鄉背井的小女孩。

小芳內心充滿委屈卻又無可奈何，她害怕男友的個性，但也更害怕若是離開了他，不知道如何獨自面對陌生的環境，如何在人生地不熟的狀況下在臺中生活。因此，小芳到學校的諮商中心求助。

某天，小芳說她打算跟對方分手，把男友的手機設為拒接，LINE、臉書也封鎖了。朋友聽了都滿開心的，也支持小芳的決定。但後來，小芳沒有再到諮商中心，也有兩週沒有到系上上課，同學老師們注意到這件事的異常，打電話卻都聯繫不到小芳，只好直接去宿舍找她。

小芳開門時，老師們都嚇了一跳。

她看起來憔悴極了，原來小芳因為太害怕而不敢出門，也不敢接電話，兩週來都自己關在宿舍裡睡覺，幾乎飯也未曾好好吃，甚至沒洗幾次澡。

後來，小芳才跟老師說，她太害怕男友，也害怕周遭環境，所以不敢出門，只能一直待在宿舍裡，等老師上門找她。

想像出來的危險

小芳這個案例，很多人會認為有邊緣人格的是小芳男友，的確，乍看之下似乎小芳的男友符合了幾個特質：大男人、管控、強勢。但若從另一個角度來看，不難發現小芳的害怕情緒其實帶著很多她自己的想像，男友其實只是在對有狀況的女友付出更多的協助（大男人的關心），真正被情緒勒索的，是這位男友與敏雯。

小芳不停在周遭朋友面前表現她的恐懼與弱勢，而跟諮商中心的老師晤談時，也看似無意地不時提到她自殺（傷）的想法和「活不下去」等情緒性字眼，讓旁人更加心疼、關心她。「有人可以緊抓不放」對他們而言是如此重要，因為在他人的支持中，內心能減少對環境的恐懼。就像溺水的人一樣，無論如何都要抓住最後一塊浮木。

多數人都會很在乎、重視他們所發出的求救訊號，想以各式各樣的方式幫忙，直到發現事情進入永遠無法停止的惡性循環——愈是傾聽，就有愈多的情緒勒索跟控制；愈是在乎，反而讓這樣的人有愈多要求與得寸進尺，也不會因此而放鬆，反而產生更多恐懼。最後，身旁的人都無法忍受，開始疏離、拒絕，於是他們又會躲回自己的空間，自我療傷、恢復平靜，看看有沒有人過陣子會來拯救或想到自己，就像小芳一樣。

無止境的恐懼

邊緣人格的特質不單只有強勢的控制、勾引與掌控，也有憂鬱、恐懼和無止境的擔心。

影響、推動一切的，都是他們內在無所不在的恐懼與害怕。

他們認為自己是無力、卑微、弱小的，可被任何人傷害，所以**當恐懼以任何線索或形式產生時，他們可能會外向強勢反抗，或內向自我傷害，這些都是為了讓擔心的事情不會發生。**

以小芳的例子來說，對男友雖然有被掌控的恐懼，但終究仍小於對外在陌生環境的害怕，因此寧願留在一段糟的關係裡面（跟男友在一起），以避免另外一個更恐怖的結局（自己要獨自生存）。這樣的狀況在一開始時，相對之下是可以的，但是當其中一個恐懼被處理完（分手了），另外一個恐懼滋生（只剩我一個人了），就會有更多的恐懼跟擔心，希望別人傾聽、幫助自己。

這描寫了邊緣人格內心最真實的脆弱：對所有人事物的恐懼。

他們一方面想要生存，想要克服對外在世界的恐懼，卻又無法接受他人過度靠

近和協助自己，也就是說，既期待被陪伴，也同時恐懼他人的存在。不管如何，他們都是掙扎而痛苦的，外人難以理解的同時，他們也正帶著內在深深的矛盾與糾結。

偏執、固著的生活習慣

日常生活中，我們也可以看到這樣的人格有許多偏執的規律，像是飲食上的固定，每天的餐點都是一樣的豆漿配饅頭，維持一輩子，甚至一定要是同一家早餐店或同一個牌子。也可能是某個特殊的生活習慣，家中固定使用三十把牙刷刷牙而不用牙膏，每天堅持輪流替換，或是經常脫口而出的口頭禪，不管遇到什麼事絕對先說：「你錯了，應該是這樣的……」

這樣穩固持久的生活樣貌，有時會讓身邊的人因此感到沉悶而痛苦，但他們不會因為你的任何建議而改變，甚至會用很多反擊的言論來支持自己，表示他們的想法是對的，而你是錯誤的。這些偏執與固著，能抵銷他們內在的恐懼與焦慮，當事人往往沒有覺察，會自然地要求伴侶要過跟他一樣的規律生活，才會放心。

這些思想或行為上的偏執，反映出他們內心的不安。他們堅持過著部分規律的生活，以不變應萬變，以減少適應新事物、新環境帶來的危險。對他們來說，選擇同樣的生活安排，能排除遇到壞事件的可能。特別的是，在臨床上我曾看過因為這些偏執行為而被誤判為自閉或亞斯伯格症的醫療診斷，但我心裡很清楚，這些行為只是邊緣型人格疾患為了平衡內心的恐懼感而已。

破碎的自我認同
——與焦慮感相依為命的一生

恐懼的狀況維持久了，會呈現一種難以言喻的泛焦慮狀況。跟一般人不同的是，在邊緣人格的生活模式中，焦慮是無所不在的正常狀態。在他們小時候，顛沛流離是生活的寫照，極度控制的管教、父母為錢躲債、離婚、衝突、冷戰、拋棄家人、忽略教養、威脅自殺等，只要有一項真的發生，這些外在的真實危險都會讓一個有邊緣人格因子的孩子產生扭曲而混亂的自我，懷疑、不安也成為他們生命中看待事物的主旋律。即使長大了，也說不清楚那股焦慮感，總是不相信自己好，有著深深的自卑感。

我們來看一個焦慮感發作的例子。

婷甄在參加團體活動中總是經常性遲到，這狀況引起了團體帶領者的注意。某次團體分享中，帶領者分享了對於婷甄遲到的想法，詢問婷甄對於自己無法準時進入團體的想法。

一開始，婷甄也對自己的狀況感到抱歉，但幾分鐘後，婷甄開始有不同的表達，也不參與團體。她往後退到角落，似乎在生氣。

快結束時，婷甄又開始抱怨團體活動中有諸多不好的地方，她覺得自己沒有受到尊重與好的對待，也質疑領導者的能力，並表示對帶領者深深失望，「下次可能不想再繼續了。」

團體結束後，婷甄又不停地跟其中一、兩位團員訴苦，讓他人無法離開。但是在下一次的團體中，婷甄還是出現了，並且依然持續遲到、抱怨、不投入團體。

新環境引發的無限焦慮

在前述情境中，我們可以了解到，邊緣人格對於進入新環境容易感到焦慮、不安，很多時候他們會故意晚一些進入團體，在外面觀察一下大家的狀況，確認環境固定、不會變化了，才進入團體。往往他們自己也不清楚為什麼要東拖西拉，因為他們也不是故意的。事實上，透過晚來的方式確認環境，能讓他們有控制感，遲到的行為正反映出他們內心無法言喻的焦慮感。

而對於領導者直接把遲到這件事提出來討論，讓他們直接連結到對人際的焦慮感，認為對方正在有意地指責、批評，將別人的行為解讀成對自己的攻擊。因此，接下來的反應中，就會反射性地以氣憤、強烈的抱怨來報復、攻擊這個傷害她的人。同時，又因為對於失去關係的連結感到焦慮，讓他們無法輕易結束一段關係，兩種矛盾需求讓他們飽受煎熬。

從小經年累月的焦慮狀態，即使是在天下太平的順遂生活裡，仍會在內心不時閃現。漸漸地，焦慮感會掩蓋掉人生裡的所有快樂、幸福、色彩，演變成不相信「生命有價值」的不確定感，空虛、無意義甚至是厭世感。

當然，凡是同樣經歷過那般痛苦成長過程的人，一定也會思考一樣的問題：人為什麼要活著？為什麼生命這麼痛苦？誰會真的需要我？我有資格幸福嗎？什麼才叫好好活著？

這些議題在他們的內心，始終沒有一個完整的答案。破碎的自我認同隨著生活中不同的經歷，所得到的答案也會有很多變化，有時覺得自己很好、很有能力、很有價值，有時卻又落入內心的空虛黑洞當中，覺得自己像是行屍走肉般的存在，只是為了別人眼中的自己而活著。甚至抱著這樣的想法：其實我一點也不覺得生命有什麼值得期待，我不相信自己好，也不認為有人會珍愛自己；總有一天，我一定會孤單地慢慢變老、死去……

身為邊緣人格的朋友／伴侶，你能做的是……

成為邊緣人格的朋友或伴侶其實非常辛苦，一個彼此正向穩固的關係，有助於穩定、減少他們爆發焦慮感，但只要生活中一發生無法掌控或不如預期的事件

（如：生病、家人、工作、經濟變化），他們的悲觀態度，會將所有煩惱「砸到」身邊最親近的那個人身上（通常能被操控）。焦慮事件沒有被解除之前，身邊的人都要一直當他們的情緒垃圾桶。

在我們自身狀況尚佳的時候，通常會希望能針對他們的焦慮給予一些建議或解決策略，但之後他們的焦慮與其他情緒又會一波波不停地「砸過來」，直到我們也開始受不了他們不停抱怨而拉開距離。但這時，對方往往已經把我們當成他的情緒伴侶，會希望可以好好傾訴、減少焦慮，這時候的疏離反而是一種傷人的拒絕方式。高敏感的特質讓他們能輕易覺察到你的改變，接著用各種手段來試探你的心意，直到確認你要離開，他們會不顧一切地抓住任何能留住你的機會。

說到底，所有的邊緣人格都是悲觀主義者。因為小時候的家庭經驗，渲染到對環境、對整個世界的悲觀態度，認為自己所有的努力都只是為了求生，就算現在生活過得不錯，也是暫時的。

膽小心細的個性，使得生命過程中所發生的一些意外、瑣事，都會讓他們神經緊張，時刻扭轉他們的平靜生活，焦慮地預測最壞結果即將發生。因此，當他們要決定一件新事物時，通常會花上很多時間去思考，才會下決定。猶豫不決，

是因為他們無法確認哪一個選項最好（安全）。

邊緣人格非常習慣杞人憂天，這是他們為了避免危險發生所導致的日常樣貌，**我們所要做的，是接納他們對於環境的過度解讀，而不受影響，不變得疑神疑鬼。忍耐他們的固著、偏執，持續耐心地陪伴，理解邊緣世界不同的生存法則，而不排斥他們。**

受限於病理觀的臨床診斷

——為什麼邊緣型人格疾患難以確診，且容易被誤診？

邊緣型人格疾患有很多值得探討的部分。根據美國精神醫學手冊《精神疾病診斷與統計手冊》第五版（DSM-V），邊緣型人格疾患的診斷標準為：

1. 瘋狂努力以避免被遺棄。

2. 人際間，在對他人過度理想化與貶低間反覆。

3. 自我認同障礙，自信心低。

4. 有自我傷害及放縱行為（如飆車、瘋狂購物）。
5. 一再以輕生、自殘威脅他人不得結束感情。
6. 強烈地爆發憤怒情緒，且難以控制。
7. 情緒失控時，憂鬱、焦慮會持續數小時。
8. 長期感到空虛，害怕孤單。
9. 因壓力出現暫時性妄想或解離。

以上九項，如符合五項以上為重度，即表示具有邊緣型人格疾患。三項或三項以上為輕或中程度[3]，即表示具有邊緣人格。

何謂精神疾病？「生病」的概念與框架

關於上面這些描述，最重要的討論就是：什麼是精神疾病？

就一般的生理疾病來說，原本健康的身體產生病變，導致需要調理、藥物治療或手術開刀等，就是我們所說的生病。

而在精神疾病部分，除了需要治療外，也有一部分是跟個體的適應與感受有關。例如，個人反應過度強烈，或是長期的憂鬱、焦慮、緊張甚至是太理智、太情緒化等，這些都會讓個人感受到強烈的痛苦或無法適應。嚴格來說，這並非「生病」，而是跟他人或環境差異過大所導致的功能問題——社會化困難。

社會化困難會衍生很多後續問題，包括影響個人的工作能力、人際關係，或是愛與被愛的感受，甚至引發對人生無望的想法與自殺念頭。我們不能稱這些過度反應是「言過其實」或「無病呻吟」，因為人是群體的一分子，無法融入或適應團體，對個人來說是很大的心理傷害。

但問題來了，在DSM-V中，是以個案的自述情緒感受及行為觀察作為診斷標準，這使得實際在做專業判斷時，邊緣型人格疾患非常容易被錯誤判斷。因為嚴

3 中度邊緣型人格標準參考《你也害怕孤獨嗎？解析邊緣型人格》（高育仁，2014），實際上DSM並無此項標準，但以現實狀況來看，筆者也認同高心理師的判斷依據。

格講起來，**它是一種長時間處在不安全感、混亂且不穩定、不成熟的自我狀態，共病的現象很多，若以症狀來做判斷，很難化為確定的、單一判斷的外在指標，也就容易以偏概全。**共病現象容易讓專業助人者搞混造成案主困擾的原因，所有的疾病都做治療，反而無法處理真正的根源。

共病現象與藥物的輔助

邊緣人格就像是長時間處在戰亂狀態的兒童的心智狀態，會伴隨事件而快速變化，進而產生強烈起伏、忽好忽壞的情緒：好的時候完全沒事，跟一般人沒兩樣，甚至更風趣、幽默（很會看臉色）；狀況嚴重時，則會出現負向想法、自殺語言及行為。

邊緣人格的情緒、行為都像是某些疾病的外在行為表現，最常見就是憂鬱症、焦慮症與躁鬱症，甚至聽過被診斷為自閉症或亞斯伯格症的案例。當用情緒、行為作為指標時，邊緣型人格疾患很容易被診斷為上述這些疾病，因此我們常看到個案上醫院一陣子後，憂鬱症就「奇蹟式地康復」。但因為不是真正康復，所以事情一來又會重複發作，最後讓不少人變成到醫院逛街——拿藥物拿得很勤勞，但又不好好服藥，因為重點是到醫院看醫生，一踏進醫院或是看到醫生，就產生一種「我有接受治療」的安全感（雖然這種安慰劑效果只能維持一陣子）。

基於種種原因，臨床上，我們很少看到針對邊緣型人格疾患的治療，大部分都是針對症狀施以藥物治療為主，例如抗憂鬱、抗焦慮跟情緒穩定藥物等。但藥物是針對情緒、症狀反應做介入，雖然能快速且明顯地見效，實際上卻沒有針對這個疾患治療的效果。

沒有治療效果，那為什麼幾乎所有對邊緣型人格疾患的治療方式都會使用到藥物呢？我相信大家看到這邊都會很疑惑。

舉個典型的例子來說：失眠，最常使用的就是安眠藥，它能讓人睡著，減輕失眠的痛苦與不適，但嚴格講起來，它並不是在「治療失眠」，而是降低失眠的不適感。真正的治療，必須找到一個人的失眠原因，可能是生理或是心理層面，接著再去做根源的討論及治療。

邊緣型人格疾患也是如此。

用藥是為了讓心理諮商或心理治療不受症狀干擾，進而對個案產生幫助。藥物雖然無法用來治療，但也是協助個案減輕痛苦的重要環節。

只不過，案主常常分不清楚其中的差異，就會主觀表示藥物的幫助不大（藥物本來就是在處理症狀，當然幫助不大），無法減輕他們內心的空虛與焦慮，所以自行調整用藥量，自行停藥更是時有所聞。

為什麼邊緣型人格疾患難以確診？

可惜的是，目前醫院所提供的心理治療或諮商，只有一小部分病人被服務到。考慮到健保點數與醫院在營利上的規畫，心理治療對經營者的收益較低，醫院聘任的心理師人數往往不足以面對龐大的需求，大部分還是以藥物為主。甚至，因為成本考量，病人接受度也高，醫院常常會以實習生作為心理治療的主要服務者。然而，實習生的專業能力畢竟有限，實習時間也有所限制，沒辦法好好地長期服務個案。

事實上，**真正的困難並不是治療，而是如何讓個案正視自己的問題，理解並接受自己的狀況，好好接受心理諮商、治療並輔以藥物穩定狀況。**要讓一個人坦然而開放地接受自己在某方面「生病」了，是很不容易的事。一方面是在我們的文化中，仍有汙名化精神疾病的情況，患病者有時會被看作是「沒積陰德」、「神經病」；另一方面，則是這類型人格疾患的個案，為了對抗被汙名化，會發展出一些偽裝、掩飾疾病的方法，讓協助者不容易確診，誤判的機率也高。

此外，辛苦而悲傷的際遇，讓他們對外在環境的理解一直都是負面而極端的，所以他們常認為真正有問題的，是外在環境，而不是內在那個為了存活下來而扭曲的自我。因此，要讓個案以單純、直接的方式看待自己的問題，就變得相當困難，在專業上我們會稱呼他們是功能相當好，但病識感低的一群人。

所以，**邊緣人格真正需要的，是重新建立對人或環境正向的新觀念或想法，以取代他們內在那個負向而掙扎求生的世界觀。**能夠幫助他們的，是深刻理解、同理那些痛苦的心理諮商、心理治療，勇於進到他們的世界去陪伴、去滋養，溫柔、細膩而勇敢地挑戰他們的扭曲。

主要照顧者是「邊緣因子」的散布原

——家庭裡，被複製的人格與教養模式

佳佳是剛升國一的女生，在跟朋友閒聊時，說出自己被男網友性侵的事件。同學立刻跟導師報告，輔導老師則緊急通報了相關單位，同時也聯繫了家長。

媽媽得知後，立刻到學校詢問老師詳細狀況，並希望佳佳跟她說到底發生了什麼事。回到家後，母女倆爆發了嚴重的爭吵。

媽媽怒吼：「早就告訴過你，不可以跟網友見面，你為什麼不聽媽媽的話？你這樣根本是犯賤！

「丟臉的小孩，我沒你這種孩子，跟你爸一個樣，賤人！

「這樣叫我還怎麼面對外人？你真是髒，我怎麼會有你這樣的孩子？」

佳佳也歇斯底里了起來，指著媽媽說：「你自己在外面也有男朋友，憑什麼這樣說我？」

兩人甚至發生扭打，起初爸爸想要平息雙方的衝突，但最後也是憤怒極了，開始指責媽媽沒有顧好孩子，才會發生這樣大的事情。

「你怪我？你就只會用逃避的態度對我們，一出事就不在家，還揍我，哪個好先生會打自己的太太？都是你，孩子才會有問題，才會被網友帶壞，我才會想往外找男人。這一切都是你害的，你造成的！」媽媽瘋狂尖叫著。

爸爸只能沉默，不發一語地握緊拳頭。

那天晚上，媽媽不停跟佳佳說自己有多愛她、多在乎她，不能失去她，要佳佳聽話，再也不能做那些壞事了。

第二天，佳佳的母親到警局備案，對男網友提告，但佳佳的說詞卻前後不一。男網友到達警局後，則聲稱自己跟佳佳才剛認識，根本還沒見面，也沒有性侵的事情，上次佳佳想要約他見面還被他拒絕了。但是醫院檢查的結果顯示，佳佳的確是發生過性行為的，在大人們聯手逼問下，佳佳才說出是前男友所做。前男友則說每一次發生性關係，都是佳佳主動願意的，不明白為什麼佳佳會說自己遭到性侵。這件事情告上法院後，前男友仍因與未成年人發生性行為被判了刑。

事後，輔導老師與佳佳進行輔導諮商，一進諮商室，佳佳就淚如雨下，說著自己活得很累、很想死，家中沒有人關心、了解她，讓她總是感到很孤單。更說媽媽只對弟弟好，根本不管她，弟弟窩在家一年多了，媽媽把所有的心力都放在弟弟身上，自己在家中就像是空氣一樣，沒有人會在乎……

外人難以看見的家庭真相

家庭是孕育生命的基礎，在我們還是嬰兒或孩子時，不會知道父母間的衝突是有問題的。我們只知道爭吵是家裡的常態，兩天一小吵，五天一大吵，前一秒還開開心心，後一秒一有事情不順心如意，家人立刻翻臉。這種強烈的情緒起伏，轉化到對孩子的態度上，就是偏執而不留餘地的控制。小的時候，我們不會感覺到這種黏膩而緊密的關係讓人窒息，我們只會習慣它，然後知道父母對作息、學業甚至出門與返家時間有所要求，完全沒有任何討論的空間（有異議的話，就要面對翻舊帳跟歇斯底里的情緒）。

讓人意外地，這樣的家庭很難被外人發現有狀況，甚至會被看成是有禮貌、彼此關係很好的家庭。

為什麼呢？因為父母通常有著邊緣人格的樣貌，會刻意維護自己的外在形象，對外面的朋友一律彬彬有禮，而且朋友雖多，但深交的屈指可數，也常要求家庭中的每個成員都要表現出好的一面給外人看。最重要的是絕對不可以對外亂說什麼家中的事情，這會引爆整個家的高度焦慮感。

邊緣人格的家庭，往往對外人疏離有禮，對自己人任性而操控。

因此，只有跟這些家庭成員開始互動，關係愈來愈好、愈來愈深入時（或是通過對方的信任考驗），才會開始發現怪的地方。例如：很直接而沒有界線地想去了解你或干涉你的交友圈；做什麼事都要跟你在一起；常常會在晚上休息時間想跟你聯繫，一聯繫就是三、四個小時；不停向你抱怨生活中的委屈；突然出現在你家門口，連你的生活方式也想知道，但自己的生活卻總是隨興而混亂等。

當父母／小孩有邊緣人格……

這樣的家庭充滿了不安、矛盾與壓力，舉例說來，如果母親是邊緣人格，她對某些事情可能完全不管也不在乎（成績、交友、金錢，每個邊緣人格狀況不同），但會要求孩子要每天準時回家、報備行蹤。即使孩子已成年，上大學、外宿了，還會每天打電話到宿舍確認孩子有沒有回去，也會要求孩子每週都要回家報到，甚至要知道每個朋友的電話。如果孩子說要討論報告或有事耽擱，就會狂打電話、傳簡訊，要孩子立刻回來，否則就會開始情緒勒索，用「沒你這樣的孩子」、「不孝」等字眼，把自己的焦慮與不安扔給孩子承擔，把錯怪在自己的小孩身上。

若有邊緣人格的是爸爸，行為特徵則是用大男人的方式來管控妻子、小孩，常以挑剔、要求的方式讓家人妥協、受控制、聽話。很多時候，孩子不接受管控，父親也會瘋狂指責母親不盡心教育孩子，或是沒有當好母親才會讓孩子如此「不受教」，常常最後的行為就是暴力相向，或以更激烈的言語羞辱與攻擊。

身處在這樣的家庭中，孩子會面對很多的管控與情緒。和對自己很隨興、不規律但態度強硬的管控者相處，雖然關係很黏膩，甚至有相當多的愛，但恨也隨之而來。隨著小孩漸漸長大，他們開始長出自己的個性與想法，也會開始想要反抗父母的操控，或模仿這些行為，開始有很多問題冒出來。而這也是邊緣型人格疾患發病的時間——青春期。

上述這些情形若發生在邊緣人格的家庭裡，常常會變成羅生門，因為家裡每個成員都覺得自己是受害者，也說得出許許多多被傷害的證據。

宛如魔咒的邊緣型家族命運

簡而言之，這不是單純一個家庭成員的邊緣人格問題，而是整個家族氛圍就像「邊緣型家庭」一樣。

焦慮與不安就像病毒一樣，不管有邊緣人格的是父親或母親，在相處的蜜月期過後，焦慮事件會隨著生活，因雙方愈來愈多的差異而傳染、擴散，例如婆媳衝突、居住問題，或是兩家不同的經濟價值觀等。問題會漸漸地蔓延到夫妻關係、教養態度，原本只是柴米油鹽醬醋茶的日常瑣事，卻變成互相傷害的證據與理由。也因為希望自己能被無條件地照顧，更加不能接受伴侶的「不體諒」。

長久下來，焦慮與不安會影響原本狀況較好的另一半。在長期的猜忌與懷疑之中，變成習慣性的自我防衛與過度反應。

而生活在這種家庭的孩子，也自然而然地傳承了不安與恐懼。

有些孩子因而習得了邊緣人格的個性，有些則成為把自己跟感覺隔離的人，在心裡跟這樣的家庭劃清界線以自我保護，也有些孩子會早早逃離家中（一面認為是自己的存在所造成的問題）。

這種家庭傳統，會不停地透過教養方式一代代傳承下去。

自我中心、過度管控、激烈的情緒反應或是侵入別人的界線等，這些相處模式就像是接力棒一樣，孩子從小看著這些反應深惡痛絕，長大後卻又用一樣的方式對自己的孩子，複製或轉化父母的影子，重現整個家庭文化。就像是個永遠無法擺脫的家族傳統，出現在每一代人身上，成為擺脫不了的生命輪迴。

在邊緣人格的傳承背後，其實是悲情與恐懼在主宰整個家族，對自我的負向概念不停地互相影響，同時恐懼著很多外在的環境。唯一能夠脫離這個輪迴的，只有覺察與了解自己，並與這樣的家人保持一定的心理距離，進而學會在好關係中面對自我，如此才能夠真正幫助自己，脫離邊緣家庭的詛咒。這在後面的章節會詳細敘述。

走入「邊緣化社會」的危險文化
——網路世界是焦慮、不安的培養皿

邊緣人格常在左右，只是你沒發現

前面說了那麼多，我想澄清一件事情，邊緣人格在臺灣等華人社會非常常見，而且我們大都很習慣它。這跟華人重視關係的文化特色有關。

舉例來說，在歐美國家強調自我、個人主義，一個擔心自己被拋棄、對關係特別看重到病態的人，絕對是生病了。

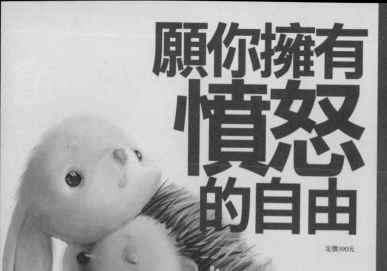

但是以華人文化來說，一個看重關係到病態的人，說真的，還挺正常的。常見的例子，像是一個擔心兒子會被媳婦搶走的婆婆，常有強烈的控制欲、心情反應激烈、感覺空虛、負向扭曲等現象，其中，攻擊媳婦、控制兒子或是歇斯底里，說實在地我們還滿能接受的。

再舉一個例子，俗話說「一哭二鬧三上吊」，這既是危險情人的典型症狀，也反映出特殊的華人文化背景。

這類型的人的確需要接受幫助甚至就醫，但這也是我們文化的一部分，不需要去害怕他們或貼上任何標籤。因為他們就是渴望在關係中，找到自我價值的華人文化角色（女性居多）。

真正的問題是，國外就醫的精神疾病中，邊緣人格所占比例高達百分之二十，在臺灣卻相當少。這顯示出我們在病識感上極度地缺乏，也時常被輕忽，甚至尋求心理協助的也少。

他們會在無意中傷害周遭親友，而這類型的人結婚及離婚的機率都特別高，也就容易把傷害傳給下一代。

求好、求快，帶來傷害

再從外在的角度來說，我們正在走向邊緣化的社會，隨著網路的發達與科技的變遷，在我們生活中第一個面對的挑戰就是每天都在改變，很多事情在生活中不再是固定不變的，時刻蹦出的新事物或挑戰讓我們無法輕易安頓自己，常常需要調整個人的生存方式或價值來適應社會。在以往的世代生活裡，生活較為單純，因為選擇不多，互相比較、競爭資源的處境相對不多，大家在生活的規畫上，容易做出符合社會框架的選擇。

時至今日，多元社會漸漸改變了這個處境。我們從媒體上看到人們愈來愈容易成功，只要暴露在鎂光燈之下，呈現自己最好、最有趣的那一面，就可以快速竄紅，成為所謂的「人生勝利組」。但另一方面，社會也告訴我們，這類網紅為了要成功，得讓自己不停地曝光，並學會偽裝自己好符合別人的期待。愈是讓自己成為一個外在大家都會喜歡的人，愈有著不為人知的辛苦，因為不知道何時才能停止，時時刻刻都在大家的目光下，承受著緊張、焦慮，以及不能真實做自己的痛苦。

這種快速的成功讓我們心生嚮往，但對比到大環境，機會愈來愈少、競爭愈來愈激烈，社會的貧富落差反而讓我們挫敗絕望。人以往內在的安定及適應能力受到極大的挑戰，對人與人之間的穩定關係，特別是家庭關係及生涯發展，同樣也產生相當大的影響。

以升學來說，現在的父母光是了解各方專家的意見和理念，就焦慮得不知到底該怎麼做才最符合孩子所需，只能茫然地聽從專家們的建議，對孩子的實質教養跟不上教育理念改變的速度。

我們對下一代的教育充滿了不安與焦慮，也造成年輕一輩對自己的未來了無希望、充滿空虛感。這樣的世代，滿腦子思考的都是如何讓自己活下來——生存焦慮與競爭變成生活中的潛規則，大家更看重利益、及時行樂、本能的滿足，取代了人與人之間的關係，一切都變成以生存、利益或成功為導向。人們開始不知道自己要什麼，只要能活下來或是被社會接受，願意不擇手段，任何東西都可以犧牲。

這是目前社會的黑暗面，當然，努力調整、改變社會的大有人在，也有人試圖做出一些適應，不隨著焦慮起舞。大部分情況下，人依然有著希望與光明的那一面，但前提是成長經驗中有著足夠的愛與滋養，才能抵擋社會的負向能量。像邊緣人格本身在生命經驗裡學到的，就是外在環境（家庭）的危險與恐怖，現實社會和媒體訊息往往只會加深他們的印象。

當按讚數、曝光度成為焦慮來源

舉幾個實際的圈子來闡釋「危險與恐怖」。

第一個最讓人印象深刻的，就是演藝圈。演藝圈總是光鮮亮麗，但不可否認地，這也是個大起大落、充滿競爭與壓力的工作圈，無時無刻不被放大檢視，這份壓力不是每個人都可以承受。甚至任何時候都會有人攻擊、謾罵藝人的表現狀況，時運好則知名度大增，快速累積很多喜歡你的粉絲，但隨之而來的，可能是任何一則不實的報導，使得大量攻擊語言湧入，讓人身敗名裂，直到被攻擊者受不了而萌生輕生念頭。

很多童星因為一時的發光發熱，而在這樣扭曲的生活環境下長大。所謂的

「童星崩壞」，其實就是他們在人格尚未完全定型的年齡，長期接受社會的鎂光燈與潛規則，加上家裡沒察覺到演藝圈對孩子的影響（或認為賺錢更重要），而導致後天人為產生的邊緣人格現象。

另一個例子是政治圈與黑社會的生存形式，兩者都是容易「製造」出邊緣人格的環境——關係好與壞都是假的，目標都只是為了生存。政治圈是為了得到更多的選票與支持者然後上位，黑社會則是想要更多的金錢與人脈、地盤；前者的手段遵循法律，後者的手段則遵循著弱肉強食而不擇手段。順利時，夥伴與支持者前呼後擁，不順利時，則毫不留情、落井下石。

總之，這樣的不安世代下，會出現愈來愈多病態的行為與思想，人性純善的面向會漸漸被遺忘，取而代之的是為了在社會生存而瘋狂，一邊想要被關注、被喜愛，一邊猜忌著別人的忠誠而疑神疑鬼、互相試探。雖然我們因為科學的發達而在物質生活上不虞匱乏，但心靈上的空虛跟生命無價值感，則隨著人際關係的疏遠、彼此的功利競爭，而讓現代社會變成養育邊緣人格的溫床。

被埋沒的隱性邊緣人格

——女人追愛是病態，男人求權是常態？

談了這麼多，到底什麼時候我們會碰到這類人？什麼情形下，他們會對外求助呢？

是在他們永遠無法填滿的空虛感發作時。

我曾為一位個案諮商了很長的時間，經過許多的冒險、挑戰與關係上的處理與面對，他開始對自己有更多覺察與體會，也慢慢能夠去信任別人，建立穩定的關係。但是當他真的成功建立了一段親密關係後，他又轉而從工作上、價值上繼續追尋著意義，永無休止。

當然，焦慮、混亂的內在衝突會因目前的穩定狀態而縮短時間，心裡不再如從前那般憂鬱、痛苦，也變得更容易擺脫負向思考的問題。但最後他告訴我，他內心有種感覺，就是他始終無法完全忍受如此寡淡、平凡的生活樣貌，空洞感一直都在。

難以填補的空虛

對一般人來說，我們雖然偶爾會感覺空虛或是寂寞（其實我們要的，是追尋愛與歸屬或是生存意義），但在過程中調整期待或覺察自我，是大部分人會有的能力。然而，對於邊緣人格而言，這種追尋不單是一種渴望，更是一種填滿害怕、孤單的自然反應，令他們永遠不滿足的，是從內在湧出來的恐懼與害怕。也因為內心黑暗面的壓力，讓他們很難有彈性、覺察及反思，只剩下負向的自卑感與不停追尋的行為。

對邊緣人格來說，他們腦中的思考角度，就像是一群不停追尋生命意義與價值的哲學家。空虛與對價值、意義的無止境渴求，也許才是他們真正的疾病。因為這種內心如黑洞般的空乏永無止境，一開始會把焦慮放在友人或親密關係中，無意識地希望透過關係的建立來填補空洞。即使關係經過無數關卡後，好不容易穩定了，內在的空虛狀態也會逐漸轉變成對工作或生涯的不安。

穩定自我的路途就像是一輩子的功課，長路漫漫，充滿艱辛，讓他們在不同的生命時期裡備受挑戰。

追名利、求權位，就是知進取？

生活中，渴望透過工作來追尋意義、填補內在空洞的人其實不少，平凡地活在我們身邊的邊緣人格也很多，不是每個夥伴都無法讓自己好好平衡。問題是，某些極端行為背後，有的努力容易被別人所接受，有的則容易被看作是一種病態。

舉例來說，一般情況下，女性追求的往往是關係與被愛，男人則是金錢與權力。把這件事放到邊緣型人格疾患的診斷中，可以發現**瘋狂追求關係與渴望被愛的，會被視為病態；偏執地追求成功與金錢的，卻會被視為上進。**在這樣的社會文化標準下，女性被診斷為邊緣型人格疾患的，自然是男性的兩倍之多，而男性的邊緣型人格疾患就變成了黑數。

有的人追尋金錢，有的人追尋權位，有的人則是追求風光與面子，無論如何，瘋狂賺錢或是想上位的工作狂或女強人，在我們的社會中都被視為正常，也更能被接納，頂多會被調侃「窮得只剩錢」或「為賺錢不擇手段」。

但事實上，我們常聽到的一些無良慣老闆，也許實際上只是「符合社會標準的病人」。

這個現象是社會文化所致，另一方面，也反映出社會大眾的焦慮——我們往往能接受執著在金錢、權力的人，認為「這是很棒的人，沒有問題」，但這其實也顯示出我們都想「找個目標，好讓自己更完整或成長」的焦慮。不過，跟邊緣人格最大的差別，就是一般人在這個追尋的過程，仍能夠感受到成功與價值，並將它化為自身的一部分，並且最後會因為這些價值而感覺自身完整；雖然會疲累、會痛苦，但不會時時刻刻被孤單與空虛感折磨。

邊緣人格如果能用關係以外的方式追尋意義，通常他們在工作上的表現都會很出色，也大都會是成功人士。他們聰明、靈活、洞悉市場變化，除了了解人性、很敏銳外，常常為了追求成功不擇手段，加上總是異乎常人地偏執與堅持，成功自然也就水到渠成。

然而，**在缺乏自我認同的狀態下，邊緣人格往往對權力與控制有著很深的著迷，有時甚至會迷戀有權位者、模仿別人得到的價值。**

權力與金錢欲望會短暫停止他們扭曲心靈的苦楚，這些都能短暫填補他們內在自我的空乏，但需要不斷地追求更高的權力，才能在掌控中，讓恐懼得到短暫釋放，於是只能反覆追尋，永不停止，漸漸陷入如同成癮的狀態。

PART 3

安全感是最終解藥

給親友的協助原則

看著他們出現在我的生活中時，我心裡總充滿無數糾結。因為他們真正需要的，總是埋藏在理想化與自我幼小的心靈中，凸顯在外的，卻是懷疑、混亂與尖銳的質疑，隨時準備逃跑、攻擊，或是以退為進。在面對他們內心的混亂不安時，常常是努力再多也幫不上忙的。

他們以為能夠幫到他們的親密關係、溫暖跟包容，被不安的緊張、焦慮與緊迫盯人所逼迫，變成了無法幫助他們的毒藥。

他們希望能被無條件地理解、接納，希望有人知道他們的痛苦與受傷，最好還順帶幫助他們，改變外在的生活環境，成為那個全然接納的拯救者。

而他們以為無法幫助他們的，那些限制、規律、穩定與坦誠，甚至是特別需要被討論的自我中心想法，才是真實接納的必要條件。
安全感，才是幫助他們真正的解藥。

漸進式互動，給予有界線的溫暖
——「無條件付出」，是讓彼此淪陷的開始

前兩章介紹了邊緣人格的樣貌與成因，現在來說說陪伴他們的方法。這一章對讀者來說非常重要，而我要說清楚則相對困難，在介紹方法前，有幾點必須強調。

第一，原則大於技巧。

我所談到的情況，並不是絕對的答案，切忌照本宣科。請大家思考裡面我想強調的重心及脈絡。抓到原則，才不會過度解釋、貼標籤，或是懊惱為什麼自己辦不到。

第二，對於陪伴這類型的人格特質，最重要，也最基礎的能力，就是情緒承受度。

情緒承受度指的是，在面對緊張或高張力的情緒強度時，感受到壓力的程度。在他人挑起衝突、發脾氣、大吼大叫的情況下，仍然保持冷靜的能力，這是一個需要學習的漫長過程，不是看完文章就會的。

第三，請了解這類型的人本身就是病識感較低。

因為他們身處的家庭或環境長期充滿不安全感，所以會抱著懷疑、不安與人互動，理解他人或得到幫助的機會也會降低。

小寶是從小就被安置的一個女孩，父親因為幫派鬥毆、殺人入獄，母親則有毒癮，兩人都因為法律問題前後進出過監獄多次。

幾乎從小學之後，父母都沒有能力穩定下來，好好照顧小寶。她在安置機構住了好一陣子，直到升上國中，才在社工的安排下，找到一個適合安排她進去的寄養家庭。

寄養家庭裡，一家三口人住在一起，雙親都已經退休，家中的女兒是在臺大就讀的高材生。

對雙親來說，家境安康、經濟無虞，既然有能力幫助別人，小孩也長大了，就希望自己能夠貢獻社會。決定讓小寶加入他們家後，雙親想了很多，期待著能夠給她家的溫暖，給她很多愛的滋養與好的環境，填補她從小的缺憾。

小寶進到寄養家庭後，剛開始大家相處得都相當融洽、無話不談，小寶也常有很多貼心的舉動。全家人都很高興有這樣一個甜姊兒加入他們，但是一個月、兩個月過去，父母兩人愈來愈覺得奇怪。因為小寶常常會在一旁看著他們一家人互動而一言不發，家裡也常常發生一些難以解釋的事，像是姊姊的錢常常不見，東西壞掉等。

若問小寶事情跟她有沒有關係，就會像引爆炸藥一般，不單會被她指責偏心、歧視，甚至會把姊姊拉進來一起攻擊，也會表示她在這個家就是不受歡迎，也沒有她立足的空間。

雙親傷透了腦筋，使盡全力對小寶釋出善意，也做了很多調整，甚至會刻意避免在小寶面前對姊姊好，給她全部的愛。

小寶的狀況一度好轉了些，但一陣子之後，情況再度急轉直下。

適逢姊姊拍畢業照，父母都很開心，因為姊姊是以優秀成績畢業的，學校教授都很欣賞她。一天晚上，姊姊卻發現穿著學士服的畢業照被小寶剪得破碎，那一刻，全家人都無法再接受小寶了。

爆發了一陣激烈的衝突與質問後，寄養父母兩人都心碎了，因為他們全心全力地愛著小寶，換來的卻是她更激烈的不滿與占有欲——她希望姊姊能離開這個家，讓寄養父母完全屬於她。

「無條件付出」就是好的嗎？

人與人之間，總有著比較、競爭或嫉妒這些較負面的成分，就像案例故事裡，小寶與姊姊之間的嫉妒與比較。我們在故事裡看到的是一家人的真心換絕情，卻沒看到小寶心中，漸漸發酵的不安與猜疑。

首先，我們要說的是，提供「有限的」溫暖很重要。

在小寶的例子裡，為什麼養父母的溫暖無效？主因就是養父母給予的，是濫情而沒有道理的溫暖。

在華人的價值觀中，溫暖而願意付出的人格特質，似乎是重要且不容質疑的。我們總希望身邊這樣的人愈多愈好，甚至會稱他們為「貴人」，因為他們樂於助人，也能在我們需要的時候給予陪伴。同理，一般認為好的助人者所需具備的特質，也有著類似的指標：有同理心、溫暖、對自己的生活充滿熱情等。

這些聽起來似乎對邊緣人格有所幫助，但**實際與邊緣人格的互動中，如果我們想要跟他建立一段長久穩定的關係，溫暖不僅沒有效果，甚至會造成某種程度的反彈，或是適得其反，造成傷害。**（Lisa Liebke, 2018）

切忌沒有界線的溫暖

個性溫暖且習於付出的人，是邊緣人格容易吸引到的人，就像小寶的養父母一樣。助人者透過助人得到價值，邊緣人格則是期待拯救者的救贖，一個願打一個願挨，兩者變成一個互相滿足的關係。

這是我們陪伴者或是身為友人一個很重要的理解：**溫暖與付出的特質，常常會讓邊緣人格主動纏上、索取溫暖，而我們則成為他們跨越界線、情緒勒索的對象，一開始的好反而會是之後痛苦的根源。**

這其中有一個關鍵因素，就是每個人對於人性的想像。

大部分人心中，都對人性有著較正面的想像，對事物的看法較為積極，是樂觀主義者。但邊緣人格並不是如此。

想想他們從小的經驗，家庭衝突、過度管控、忽略及態度時好時壞的照顧者，讓他們自然而然地累積出對人性的負面想像：自私的、無理取鬧的、批判的、歇斯底里與恐怖。最後，在他們對於人性的觀點裡，就把好人的解釋扭曲了，認為溫暖的人另有所圖，無私的人沽名釣譽等。

因此，當他們遇到好人甚至貴人，常會產生兩極的想法。正面想法是認為奇蹟發生，一定要緊緊抓住這個人；負面則是認為這些好都是虛假的，對方不過是為了得到好處而利用自己。

一開始，正面想法居多，讓他們抱有很多的期待與希望，但好人總會疲累或想休息，這時負面想法就漸漸占上風，試探與懷疑便會出場，直到關係因為爭吵而毀壞殆盡。但到兩人真正決裂又會經歷一段漫長的過程，因為老好人總會猶豫不決，想再給對方一次機會，這時他們天使般的拯救者無私舉動，又會讓邊緣人格者有更多的情緒勒索與糾纏。

合宜的互動模式

那麼，針對邊緣人格，較適當的對待又是什麼樣子呢？

我想套用一句華人的老話：「君子之交淡如水，小人之交甜如蜜。」

愈是在面對邊緣人格的委屈辛苦或是被傷害的那一面，同理或照顧對方時，愈要保持適合關係的距離。

避免交淺言深，也不要太過同情對方，一股腦地投入到關係裡去幫助對方。

說來可能是有些平淡的君子之交，但貴在交心與理解。

透過時間去慢慢磨合與認識，這樣的溫暖才能減少負面投射或聯想，也是較合宜的關係發展過程。

從平淡的普通朋友，慢慢發展到知心好友甚至是成為家人，這個「慢慢」是其中的關鍵。這麼做不僅能減少猜忌，若是關係有了狀況，面對不安時也能在適當的距離下讓彼此慢慢調適，不會因為過度溫暖、親密而有過高的期待，動輒得咎。

這樣的互動模式，和我們平常容易跟陌生人透露心聲是不太一樣的狀況。一方面，跟陌生人說話時，因為之後不太會再碰面，講心事也就更接近自言自語。另一方面，對方跟我們不熟悉，也就不會有太多的價值評斷，反而留下足夠的情緒抒發空間。

總之，無條件、一股腦地給予溫暖無法幫助這類型的朋友。

我們在跟人相處時，溫暖的內涵也包括理解和正向的關懷，給予別人「真正滿足需求的回饋」才是重點，而不是在滿足自我的助人價值，或認為這是「應該」要給予的溫暖。

切忌交淺言深。展開一段循序漸進的關係，從慢慢接觸、靠近到彼此真正認識、有些衝突，接著彼此花時間去接納、理解差異，給予對方需要的關心，這樣的過程才是健康而有益處的人際關係。

活得刺激，比平淡無趣有真實感
——陪伴他面對孤單，追尋意義

難以擺脫的孤單

一般來說，獨自一人並不等於孤單。當我們獨自坐在圖書館角落看書，或是聽音樂時，那可能是我們享受一個人的時間。讓人感到孤單的，是自我放逐的距離感，是內在自我與外在社會間的疏離與斷裂，是長時間戴著面具與外界互動的結果。

雖然交流仍在繼續，但自我與他人間彷彿隔著無形的阻礙，即便是歡笑、聊天，也沒有心靈間的精神交流與感受，有時連最親近的家人也無法好好溝通。

這種經驗每個人都有過，明明身旁有人相陪，大家也都在聊天談笑著，但內心的孤寂感卻如海嘯般一波波湧上，莫名地感到無助、失落。好像抽離開來，看見自己與他人正處在不同的世界一樣，很沒有真實感。那時，我們會感到自己好像不是真正地活著，覺得活著好累，好像自己與世界隔離了。久而久之，我們在空虛與孤單感下受盡折磨，以至於死亡變成一種可能解決孤單的方式……

乍看之下，這種孤單感受每個人都有，但在邊緣人格身上卻是特別強烈。因為在人際互動中，他們比一般人更敏銳地感受到社會化所帶來的內外不一致，與人相處時無法真實表達，相處愈久、愈靠近，愈感受到虛假，也愈需要勉強自己去偽裝、掩飾，內心也就自然感受到強烈的孤單與疏離。

這是邊緣人格時時刻刻無法脫離的常態與現實，他們無法相信別人會喜歡自己、在乎自己，不知道自己是誰，只確定社會是危險、恐怖的，所以需要學會偽裝、生存，最後感覺不到生命的價值、自我的意義。

平淡的關係他不要

在邊緣人格的世界裡，孤單感也會隨著關係的穩定而產生，因為他們無法忍受平淡的日常生活。

一般人在剛開始經營關係時，的確會有所謂的蜜月期，充滿強烈的激情與美好交流，接著隨著時間經過，漸漸習慣日趨平淡而自然真實的相處。卸下心防後，累積出深厚與雋永的情感，原本的激情轉化為默契與信任感。

然而，對邊緣人格而言，平淡的生活模式反而會讓他們感覺不到關係的真實感，明明關係靠近了，卻反而感到疏離。

這是因為，真實相處、坦誠以對有時是他們所辨不到的，他們需要強烈、刺激的激情，才能感受到關係存在，否則會衍生強烈的空虛感，疑惑自己的人生是否要跟身旁的人繼續這樣下去。

內心的孤單、疏離感挑起了他們對於追尋意義與價值的強烈需求——只有在與旁人強烈的激情交流中，才能確認自己存在，認為「這段關係是有價值的，而我是真正被對方需要的」。

穩定注入刺激原是相處之道

我曾聽過一位邊緣人格夥伴這麼說：「在吵架時講出口的，才是他心中的真心話，我就是在等他跟我吵架。」

身為他們的伴侶，不能只在初期交往中有濃烈的愛與行為表示，**進入相對穩定的關係後，仍然要有激情、浪漫或無法預測的驚喜，甚至要有不得不產生的真實交流——爭吵或衝突。**

正面或負面精神層次的生活刺激，都比每天平淡無趣的關係來得有感，這是讓邊緣人格與他人穩定維繫關係的要素。這對他們來說，才有活著的感覺。

因此，成為他們穩定的朋友或伴侶，漸漸跟這樣的人熟悉後，別忘了冒險刺激、毒蛇的真心話絕對是重要元素。不管是激情或驚喜，衝突或暴怒，都是要概括承受的相處默契。

此外，也要設法在生活中製造一些樂趣或成就感，即便是因不開心而引爆衝突，都比維持表面的和平假象來得好。不用擔心他們會因為衝突而離開，除開無法承受分離的焦慮外，這些負面訊息對他們來說，就像是料理中的鹽巴一樣重要，這也是陪伴邊緣人格孤單感受的不二法則。

當然，你也要清楚自己的情緒承受度，也就是心臟夠不夠大顆，因為這種充滿狀況的生活，身邊人帶來的生活刺激是最重要的元素，相對地，你要先思考，這些刺激與衝突會不會影響你對愛情、關係的看法與感受，這是你想要的關係樣貌嗎？他們最需要的是不平淡的人生與關係，如果你真的想好好地投入跟他們的關係中，請讓自己每天都享受高張力、重口味，有好也有壞的刺激人生。

不當「全能拯救者」

——給建議，而非扮演問題解決者

邊緣人格對於權威者或專家往往有著莫名的喜愛與偏好，因為專家象徵著解決問題的能力，這讓他們特別傾向於尋找老師、專家、明星或某些名嘴教授等權威人士。一開始往往如膠似漆，像個偏執粉絲一樣，但卻往往無法好好相處，最後甚至關係破裂。

阿萬是個很有經驗的數學家教，他接了一個高中男生小樂作為家教對象。

家教通常就是在解題與回答問題，但小樂卻不準備拿自己寫的內容出來討論，他只是一直很焦慮地問阿萬題目要怎麼寫、答案要怎麼列，但也沒有很認真地記下來，就只是單純地一直問問題，然後看阿萬的反應。

漸漸地，小樂開始提出自己在生活上的煩心事，希望阿萬給他建議。一次兩次下來，阿萬發現，他出的作業小樂都沒有做，家教時間依然不停拋出一個個問題，想找出阿萬回答的漏洞，然後繼續問問題。

阿萬開始覺得不對勁，不太想再回答課業以外的瑣碎問題，試圖回到正事上。但當他開始想要強硬地限制上課方式時，小樂開始難過地哭起來，顯得很委屈的樣子。於是，阿萬心軟了，家教內容愈走愈偏，也愈來愈不像他以往的家教形式。

更誇張的是，小樂每次都會超過時間，家教時間一次比一次長，情緒與問題也愈來愈多。幾次阿萬想要打斷小樂，他依然自顧自地說下去，完全不在意阿萬的感受。最讓阿萬受不了的是，小樂連要如何跟女生交往都會問他，巴著他不停地問問題，完全停不下來。

阿萬數次提起他沒辦法再家教，他希望小樂也有所學習，而不是一直聚焦在個人瑣事。小樂聽了直說會改，滿口懺悔與保證，但一次正常後，很快又依然故我，最後阿萬只能黯然離開，並想著是否自己家教的方式出了問題。

邊緣人格心中的全能拯救者

案例中，阿萬默默地被小樂侵犯了家教的界線，一步步變成了小樂所期待的，能解決所有問題及其內心不安的全能者。但這樣的角色本來就不存在，這是一個不合理的期待。

我們普遍認為專家是個有辦法處理問題的人，因為他們能理性分析、有策略及方法，這也表示我們能向他們學習，甚至獲得幫助的機會，容易因而產生安全感。而這個權威感，就是邊緣人格期待能被他們拯救的關鍵。他們非常信服這些有能力、權力、地位的人，因此會很直接、快速地要求他們解答，期待環境及外在獲得改變。但專家往往愈幫忙愈無力，好像事情永遠不會改善。

難道這表示專家所給的建議方向錯誤，或專家理解得不夠嗎？其實不是，而是對邊緣人格來說，永遠會有層出不窮的新問題。

一來，他們想要的是一個能無條件依賴的對象，全權處理他生活中所遇到的各種問題，既沒有界線，也不懂得客氣。往往會像是孩子在依賴父母一樣，愈是被寵愛對待，愈容易予取予求，甚至他家的貓狗生病了，可能也會要你幫忙帶去就醫。或許一開始你會很享受被依賴，甚至是被崇拜的感覺，但，面對一個不想長大的另一半或朋友，你能堅持多久呢？

二來，他們不是樂觀開朗、習慣面對問題的人。他們更傾向當下挑明問題、引發大衝突，或是覺得自己受到委屈而離開、逃避好一陣子。這些方式往往是負向、極端且傷害人際關係的。而生活中總有新的負面狀況產生，他們往往會挑戰及否定你提供的解決方式，於是，你會發現當你幫他出主意處理問題時，他經常會提出更多可能會出錯的地方，藉此考驗你能否為你提出的解決之道打包票，還會呈現出可憐無助的樣貌，甚至是用情緒勒索來逼你幫忙。生命中許多萬一不是人所能估計的，而他們卻希望權威者完全消除他們內心害怕、膽小、恐懼、疑慮等聲音。

給建議，而不是為他解決問題

如果你是扮演問題解決者，他們會很開心有你的建議，這樣會讓他們有被照顧的感覺，但後續負面情境或問題發展下去，事情只會愈來愈困難。因此，千萬記得不要讓自己跳入那個能夠包山包海、使命必達的拯救者角色。

提醒自己，不要過度把所有問題的責任攬在身上，我們無法為別人的人生負責，如果擔心之後的其他問題，我們可以做的就是陪伴他，不是扮演他的父母。

合宜的相處方式是，我們自己的定位要清楚，不要一直為他們的困難給出解決答案，可以適時地給建議，但也要有某些現實的限制與框架。甚至因為我們是第三者，即便是建議，也不見得適合每個人。

如果我們扮演的，是以自己的角度給予建議的人，事情的好壞成果，責任不在我們身上，頂多是建議不明智。在關係中和他保持一個自在的距離，而不是陷入模糊而黏膩的互動模式，才不會一直被他的焦慮情緒影響，最後換你爆炸而去逃避或傷害他們。

到這裡，你應該已經發現什麼樣的人能夠跟他們相處，並且保有自我、不被影響——就是在意自己私領域的人，界線分明而獨立自主的自我悅納者[4]。若是需要從別人身上得到價值的，就會特別無法脫離，例如個人特質中喜歡助人，或是在乎所有人的好好先生或好好小姐。在我的理解中，這樣的拯救者角色其實都太把別人的責任扛在自己身上，其實他們真正需要的，是一個可以一直陪伴他們的人與關係，有時不管你有沒有幫他解決問題，「你不會離開他」才是真正的重點。

4 自我悅納指個體能正確評價自己、接受自己，並使自我得到良好的發展，較能全然地為自己負責。自我悅納不僅指接納自己人格中的優點、長處，更要接受自己的缺點與不足。

三大「安全陪伴」原則

——練習做個有品質的陪伴者

我們都期望自己可以幫助類似狀況的朋友或家人，讓他們狀況慢慢好轉、穩定，但陪伴過程中，一定會面臨他們負面的觀點及事件。那是他們生命中的一部分，卻也容易讓人難以負荷到想離開，或想逃避他們的情緒，而這也往往是人們無法承接他們情緒的真正原因。因此，這章的最後，要談的是如何做一位有品質的陪伴者。

身為伴侶，能做的是……

伴侶在邊緣人格的想像中，是天使一樣的拯救者，他們渴望一個能夠真正了解他、體貼他的最佳情人，幫助他們從不好的環境（原生家庭）之中脫離出來。關係一開始，就是乾柴烈火式的激情，也因為抱著很大的期待與理想，所以在熱戀期的美好感覺，會讓他們像是到了天堂一樣地無法自拔。

但是，一般人通常無法維持在如此高張力的狀態，只將心思投注在另一半身上，因此當伴侶開始過平常生活、疏於照顧他們（以他們的標準而言），就會情緒失控、焦慮不安，甚至出現自我傷害或傷害他人的行為。然而，就另一半而言，他是伴侶，也是需要被別人照顧的角色，甚至也需要自己的空間與時間，並非完美照顧者，也不是天生來侍奉公主與王子的人。

因此，一旦有焦慮事件產生，例如另一半晚歸或跟異性出去吃飯，或是以往生命經驗中的不舒服感受重現，例如另一半說了跟家人類似的話，都會讓他們大為生氣，但實際上他們是在擔心自己會跟以前一樣被傷害，將過去的創傷投射到現在。

在他們挑剔或生氣的過程中，會不停地發生衝突。以伴侶來說，面對這樣的狀況時，需要做的是確定以下四件事：

1. 你能否無怨無悔、全心全意地將注意力放在他身上，把家人、朋友、同事都往後放，幾近忘掉自我的程度。說出口的話，就算死也絕對會做到。
2. 如果你極度愛他，請完全接受他的樣子或個性，包括他焦慮不安時的極端思考，情緒話語下的極度貶低或是稱讚，但不要期待他能接受你。如果情感還需要磨合與培養的話，請在一開始就說清楚哪些事你做不到，寧可早點說清楚，也不要在熱戀期勉強自己，又一邊感到很有壓力。
3. 不要隱瞞你覺得他會不高興的事情，這對他們而言，叫做欺騙與傷害。盡量硬著頭皮說出來，然後心甘情願地接受處罰吧。假如隱瞞了，請做好往後被發現，對方會不時翻舊帳的心理準備。
4. 以上三點如果你沒把握做到，請認清你們之間就是會感情好的時候很好，壞的時候很壞，一哭二鬧三上吊是基本，感情沒有平穩的階段，衝突會是常態。

假設要做到這四件事你有困難，請讓自己早點離開這段關係，或是在這段關係裡「保持有點黏但不要太黏」的相處模式。因為空間與距離（例如，一週相處兩天就好）反而可以讓你們彼此較為和平地相處，減少焦慮源頭（但請留意，若太疏離會是另外一個焦慮）。如果一開始非常熱情、開心，後面的挑剔與反差會讓人更痛苦的。

若是有天下定決心要分手，請用直接、肯定、完全斷絕關係的方式離開。唯一能讓關係好好結束的，就是狠下心來，疏離、擺爛或直接斷絕聯繫。常有人說，跟邊緣人格很難好好分手，其實就是因為一不小心就藕斷絲連，想繼續當朋友，那一哭二鬧三上吊或網路／現實生活裡的千里追殺都會發生。極端一點的情況，就是會發生危險情人的現象。

身為家人，能做的是……

若你是家庭中的一員，第一個比較容易做出的選擇，是讓自己在家扮演相對疏離或特別理性的角色，以避免自己被當成指責或投射的箭靶。通常到了最後，這麼做會讓人離開家裡，也就是保持距離，以策安全。至於第二個選擇，就是加入這場心理遊戲，努力成為控制者，保持自己的安全。不過長久以往，這反而會讓你對人有愈來愈深的不安全感，這是我不建議的。

身為朋友，能做的是……

請讓自己跟這樣的人保持心理上的距離，同樣是避免自己成為拯救者角色，但也要持續關心對方。這麼做，既能讓你跟他保持安全距離，偶爾也能有幫助他們的機會。

當然，你也能和他們熟識，有很多深入的交談，被他們視為能夠拯救他們的好朋友，並對你抱有高期待與理想相處模式。運氣好的話，若你完全符合期待，就能成為很好的朋友，同進同出。不過，你們會因為一些小事而莫名起衝突，因為你無法完全滿足他而決裂，而你完全不知道發生什麼事，只能旁敲側擊地問別人，這是最常發生的。所以，穩定地給予安全感與信任就是必要的事。

OCB：賦予安全感的陪伴原則

和邊緣人格夥伴相處時，我們習慣的溝通方式往往會讓我們更加感到辛苦。當我們無法承接別人的情緒時，通常都會被期待要婉轉表達、要忍耐或避免衝突，甚至要當個好人，而不是開誠布公地直接表達，因為「這樣很傷人」。因此，我們常在不自覺的情況下變成曖昧溝通，而這反而會讓邊緣人格夥伴有更深的焦慮，成為你和他溝通上出現問題的主因。

要做好陪伴者，就要跳脫出我們的文化脈絡。讓我們來談談安全陪伴的三個基本的原則，OCB。

1. **Open（公開透明）：坦誠的互動。**
2. **Continue（持續關心）：適度的持續關心，不要太親密。**
3. **Boundary（堅守界線）：這是最重要的，一開始就要說清楚自己的底線。**

．公開透明的互動

也就是直接的、面對面的交流及溝通。

這種溝通狀態在我們的文化中一直很難發展出來，因為我們從小就被教育「要有禮貌」、「忍耐是美德」，包括使用的語言，我們不太能直接地表達感受與想法，我們被期許在社會中說好話且在意別人的感受。因此，「說真話」一直是敏感而又微妙的一件事。在社會互動中，好話可以說，而關於負面的評論或是意見，則不被允許直接地述說與表達。

但邊緣人格的內在與生活中充滿著懷疑及不安，他們的腦袋總會敏感察覺許多負面的訊息，因此在人際關係中，委婉而又溫和的禮貌行為，反而容易讓他們「發現」其中所包含的黑暗思想，這時他的解讀往往就是「說謊」、「欺騙」或「背叛」。因為這些資訊，他認為你不是一個好人，但又不能直接對你說出這些懷疑的情緒（邊緣人格也很怕你發現他們內心黑暗），這時許多旁敲側擊、聲東擊西的各種操弄與謊言就會出現。

總之，他們想了解你有多少的真心誠意，如果你看不出這層心思，以為自己處理完問題，應該可以放鬆了，就真的好天真、好單純。請明白，他們要的很簡單，就是你能夠開誠布公地表達出真實的想法與感受，好的也罷，壞的也無妨（甚至是明擺著吵架，有激烈的情緒與拉扯），「透明」才能讓他們踏實地覺得關係存在且有價值，也才會認為你是一個可信任的人。

・適度關心

對於邊緣人格來說，這是最能讓他們感到自己沒有被拋棄的方式。不是好到如膠似漆又深深同情的關心，也不是那種情緒一來，就覺得要把最好的都給對方的關心，而是時不時出現，但又沒有要涉入對方世界的噓寒問暖。

這樣的方式雖然不那麼濃烈，但一直都在，又能保有各自的生活空間（也就是持續而雋永的君子之交）。

舉例來說，華人家庭裡所謂的關心，常常是照顧者提供物質、金錢，或是直接插手給予援助的行動方式，自己認為在關心、解決對方的問題。但實際上，這樣的做法既沒有界線，也不是穩定的關心，甚至會讓他任性地期待你解決他的所有問題，或看成是一種冷漠的交易。

・穩定的界線

這是最難也最重要的一點。邊緣人格夥伴很容易去模糊界線，他們喜歡過度的黏膩，也常常試圖碰觸對方的底線，因為他們想要靠近別人、擁有關係。我遇過很多邊緣人格的夥伴，常常會透過當小粉絲、肉搜的方式靠近別人，一開始不見得能察覺出來，要等到相處時間慢慢多了，才會漸漸在相處中感覺到一些怪異與令人不舒服之處。大多數都是驚覺對方得了便宜還賣乖，但那時有些界線已經不夠清楚了。

這時就變成要重新拉起跟他之間的界線，但勢必會迎來猛烈的攻擊或指責，而且不會是直接談論界線問題，往往都是以人身攻擊、情緒勒索做為要你放棄拉界線的手段。比如說，當我告訴個案我的休息時間是九點，請他不要在休息時間打電話或傳訊息給我，這時對方一定不想接受，他可能就會開始攻擊我不是好的心理師，因為我「同理做得不好」[5]、「面質不夠溫暖」[6]等，對我生氣，或表示要調整我們見面的時間，讓我不舒服。

但若是時間夠久、界線穩定後，這樣的方式反而能讓他發現兩人的關係能達成穩定的延續。

＊＊＊

OCB三點要做到很難，原因不外乎是一開始沒看出對方是邊緣人格，或者我們自己就是習慣守著華人文化的特色與偏好——不透明、關心過多、界線模糊。嚴格來說不是這樣不好，而是那些我們習慣對一個人好的方式，其實不適用在邊緣人格身上。如果真的想幫助或好好陪伴他，請記得滿足對方在安全感上的需求：透明、關心、界線，如此才能讓他接受這段真實的互動。

5　同理心（Empathy），指能夠身處對方立場思考的一種方式，助人者讓個案了解，能夠體會他的情緒和想法、理解他的立場和感受。

6　面質是指當助人者發現個案不一致的行為或語言、逃避面對自己的感覺與想法、不知善用資源、未覺察自己的限制等，助人者指出個案矛盾、不一致的地方，協助當事人對問題有進一步的了解。

PART 4

如何協助與療癒？

給助人者的諮商指南

接下來的章節，是寫給助人者的。

想提供邊緣人格夥伴一些協助的朋友，我希望這一篇對你們會有所觸動。一方面提醒自己的處境，一方面也協助我們的對象。

要幫助他們走上療癒傷痛之路，首要就是知道他們一路以來的心路歷程，悲傷、失落、扭曲，那些濃到化不開的生命虛無感。

用力進入他們世界去體驗、感受，面對他們生命中的沉重，包含那些想像的苦痛、假設出來的無所不在的敵人與無止境的傷害，以及所有那些在我們看來難以理解的，對世界極度險惡、恐怖的想像。

另外，更重要的，我們無法成為一個拯救他們人生的救世主，承擔不起那個全能保護者與照顧者的責任。

同理、接納、涵容之後，勇敢面對他們的恐懼與擔心。

成為一座橋梁，搭起他們跟社會的連結。

讓他們放下一些猜忌與不安，好好地跟自己與別人和平相處。不要讓他們用焦慮、擔心，毀掉他們所期盼的這個世界。

助人者的常見困境

——好想幫他，卻力不從心……

我是一位諮商心理師，但在我工作的時候，曾遇過無數想要幫助邊緣人格的貴人。除了專家、相關的心理工作者，也有家人、伴侶，或是學校老師、周遭的親朋好友等，大家都會站在一個動機良善的出發點想提供幫助，但在長時間的協助過程後，常常會因為雙方情感上的拉扯與失望而鬧翻，或因為在某個環節沒有掌握好而失去機會。

我為邊緣人格夥伴感到難過，也同樣為周遭人們的付出感到可惜。站在協助者的角色，我很清楚與他們諮商的過程會有非常多困難，也很辛苦，因為其中有很細膩的、曖昧的流動與關鍵。也正是因為這些隱微的動力與訊息，讓我們無法真正有效地幫助到他們。

周遭親友的常見困境

接著，我們來聊聊與邊緣人格夥伴相處時，容易遇到的困難。首先是周遭人們會面臨到的困難情境。

‧難以釐清真正的問題

在跟他們互動時，話題常常被他們所牽動，沒有互相的溝通，而是希望所有的焦點都在他們身上。而且相當自然地，會認為話題必須是他有興趣、以他為核心的內容才是有意義的交流，所以會技巧性地用聳動煽情、偏激毒舌或是委屈可憐的方式，讓大家把目光放在他身上。為了達到目的，也常常是用最極端的方式去述說，充滿了戲劇成分，只為滿足他自己與人相處的需求。

當周遭的人不知不覺被話題吸引住時，會非常地有情緒與投入，對對方產生同情或焦慮，希望自己可以幫上對方。但當想問清楚，或想給予協助、開始投入時，邊緣人格夥伴的需求已經被滿足了，也因為看到他人在乎自己的反應，對他而言解決問題已不是重點，於是顧左右而言他，或輕描淡寫帶過，反而搞得別人一團混亂，受到他的負面情緒影響。

・必須承受無盡的負向思考

另一方面，他們常會反覆糾結在某種負面情緒之中，既空虛又不安，所以談的話題常常是重複又重複，好像一直都在黑暗的狀態裡面浸泡著——不單是耽溺其中，還包括這種負面且黑暗的思想與感受是他們所習慣的狀況。更甚者，他們也對正向的觀點與想法較無法接受，容易感到噁心或是嗤之以鼻，認為那些都只是美好的想像，世界的真實面是殘酷而冷漠的。

如果想要成為他們的協助者，就必須要承接這些負向的黑暗面而不動搖，包括他可能會把矛頭指向協助者。

‧性方面的人我界線不明

邊緣人格夥伴身邊的異性（尤其是男性），容易在性方面被操弄（被誘惑或是爭風吃醋）。因為邊緣人格夥伴的個性像小孩，性對於他們來說其實就像是睡覺、吃飯一樣，沒有珍惜自己或是身體界線的觀念，頂多就是一個既舒服又能討糖吃的工具而已。

對他們來說，性充其量就是可以用來吸引人的玩具，肉體上的滿足就是單純的愉悅而已，不牽涉真正的感情。在人我界線沒有那麼清楚的情況下，對別人來說很容易充滿誘惑，尤其邊緣人格會希望能被異性注意與關注，也就會特別顯露出性吸引力，或是在性方面的話題特別開放。這對多數異性來說，都會自然地看作是性方面的挑逗，無可避免地被吸引。

此外，負面情緒使他們顯得楚楚可憐，這往往也會變成邊緣人格以性需求去拴住關係、獲得關愛的手段。而當感情漸漸出現在關係之中，隨之而來的，往往就是排山倒海而來的不安全感與焦慮感，因為對邊緣人格來說，他會擔心這是一個關係中的交易，而這種模式的感情是虛假、不存在的。

・初始的假性良好互動

邊緣人格最大的特徵是，他們對於外在人事物的想像有著模糊的恐懼，所以在一開始時，會刻意表現出得體而有禮節的樣子。

過分在乎禮貌，往往會讓人感到疏離、彼此是有距離的，但若有陌生人主動釋放善意與靠近，突破了防備後，他們的界線與防備卻遠比一般人低，回應是超乎尋常的熱情、積極，並很快就想跟對方成為親密好友，有許多掏心掏肺的反應及回饋。這時，受寵若驚的我們已不經意陷入了必須成為對方「好麻吉」的狀況。

一般交友時，在剛開始相識、互動的階段，會盡量地開放自己，試圖與對方有更多的認識與互動，不會那麼快就對對方有定見。但邊緣人格夥伴會覺得一開始的互動就是一個人真正的樣貌，於是很快地先入為主。當兩人進入磨合期，偏離了一開始他對關係的美好期待時，就會開始想操控、情緒勒索，試圖回到「蜜月期」。這時就算我們察覺到關係不對，也難以離開了。

・容易陷入「拯救」與「被拯救」的關係

最後一點，也是最讓人辛苦的，就是愈擁有助人個性與特質的人，愈容易被這樣的人吸引、纏上。這是因為邊緣人格常會發出需要被幫助的訊息，藉此吸引他人關注，而助人者則是天生的個性使然，喜歡被別人需要與付出關心，一個願打一個願挨之下，兩人就變成互相依存的情緒伴侶。

乍看這種互相的需要沒有問題，也很自然，但關係最終會變成無止境的索求與苛責，因為空虛與生命的無意義感是無法透過關注填滿的。這就像往沙子裡倒水一樣，真正的問題在於土壤（安全感）的匱乏，必須想辦法改變土壤植被，而不是不停地澆灌（關心）。

專業助人者的常見困境

前面談論的是一般人在面對邊緣人格夥伴時的困難，接下來則是跟工作專業上切身相關的，就是助人工作者在進行專業協助時，所面臨到的困難情境。源頭則是個案與助人者本身的個人議題：

・吸引助人者的話題

邊緣人格夥伴對外界相當敏感，內心充滿悲傷、焦慮，很敏感也很脆弱。晤談時，一個專業的助人者很自然地會對個案提出來的話題充滿同理與關心，時刻想著接納與支持個案的情緒。

一般情況下，如果個案帶著情緒，基本上沒有太大的問題，但是以邊緣人格個案來說，因為他們對外界帶著負面想像，大都活在自己悲傷世界的想像，與外在的實際狀況很不一樣，充滿扭曲，難以處理。如果助人者一直在反應或是處理這些「自己感興趣」的話題，個案會一直停留在原地，「享受」這些關心。

・給予vs索取：互相依賴的互動

邊緣人格夥伴需要的是關係與價值，會不停向助人者索取愛與關心，而對某些助人者而言，個案也有著屬於他們自己的價值——滿足助人者的「拯救需求」。也就是身為助人者，能不能幫助對方、能不能付出、拯救對方的生活。

當兩人變成「一個願打一個願挨」的關係，助人者就只能做「好媽媽」角色，既不能挑戰個案，也不能提出新的觀點，只能站在一個溫暖、關懷的角色，不停地餵養個案內心的空洞，最後反而讓個案感覺到諮商歷程的無效。偏偏這樣的結果，是兩人一起互動出來的。

．太好、太快的支持，反而導致猜疑

的確，關心、同理是個案的需求，但是個案內在也有黑暗的一面——不相信人性。所以當助人者的支持來得太快、太好時，個案會維持委屈、可憐的樣貌，同時又會因為心生懷疑，而無法說出真心話，維持跟諮商師的表面和平。

他們會擔心假如說出心裡那個充滿攻擊、負向的自己，會不被接納，抑或懷疑面前這個溫暖的好人，會不會只是因為工作或是錢的關係，才會對自己溫暖，「因為世界上不可能有這麼好的人」。

．助人者需要極度敏感的高同理心

當個案開始對人性產生懷疑，或者他根本從不相信任何人（包括助人者），他會盡量避免說出讓人握住把柄的話，也會常常只講感受，不講事件，或是不停舉一些別人傷害他的例子來解釋自己的狀況。

這樣的情況下，助人者對個案就只能有模糊而無法確定的判斷，雖能感受到個案強烈的情緒，但實際到底發生了什麼事，往往像是謎題一樣懸疑。

因為個案的困境實質上不是他表面提出來的問題，有經驗的助人者會使用敏感的高層次同理心，從那些感受或經驗，拼湊出個案真正面對的問題與困境，而不會陷在個案所描繪出的問題情境中，或是想幫個案解決問題，卻又一直被個案拒絕。

．話題隨興而不聚焦

在助人工作中，當我們遇到邊緣人格的夥伴來求助，從專業任務來看，我們所要做的第一個工作，是釐清來談動機，也就是案主為何而來。

一開始接觸時，案主會說出一個體面而具體的改變目標，然而，當我們開始蒐集資料，狀況就開始發生了。案主會異常大量地提出自己遇到的狀況，情感、家庭、人際、工作等，在各方面的問題間跳來跳去，不僅伴隨著強烈的情緒，還會陷在自己的世界裡。他說了很多，但似乎也沒有需要助人者做些什麼，跟諮商目標也沒有太直接的關係。

這時，助人者往往會陷入困惑與無力，對個案的諸多議題與大量資訊有選擇性的困難。

其實究其根本，是因為個案真正在乎的，是在關係裡被無條件關注的感覺，是那個溫柔諮商師的陪伴。他們所提出的諮商目標，是為了助人者的需求所設計，而不是他們真正想要填補的孤單、空虛、無意義等空洞。

・持續抱怨與間接攻擊

個案建立了與助人者的關係後，漸漸地，會有愈來愈多的情緒抒發，因為他們內在負向自我的語言，會擴散成對外界的憤怒、攻擊或是指責訊息，甚至包含對助人者的間接攻擊，包含遲到、請假，甚至會拿不同諮商師的能力來跟你比較（用別人的行為來表達對助人者的不滿）。

在這樣的過程中，其實都是案主在呈現生命中重要他人所為他們帶來的無奈與憤怒（例如對個案不好的照顧者），而不是真的在針對助人者。若助人者無法看清這點，助人工作就容易因為害怕衝突或是過度自責，而無法進行下去。

・面對個案的無力與抱怨，想協助卻不知從何下手

當助人者跟案主之間，變成照顧者（父母）與被照顧者（小孩）的關係時，助人者會擔負起很多改變個案現況的責任，一直在想辦法要安慰、協助對方。於是助人者會陷入一直在提出建議或是同理個案，而個案一直說「對，你說得有道理，但是我……」的反駁過程。

此外，個案提出的大量負面訊息，永無止境的抱怨、憤怒與悲傷，也常常讓助人者的角色變得無奈而被動，不知道從何開始，或是變得只能一直無條件地同理、安撫下去，最後演變成只能做陪伴的角色。

・害怕標籤化，被無止境的背景資訊干擾

在專業工作中，我們常常會被師長耳提面命——不要標籤化，不要太快、太

片面或用特別醫療的角度去理解個案，而要盡量多站在身為一個人的立場，去看待每一個人。

這件事是正確的，但遇到邊緣人格的個案時，因為它是一種人格特徵，變化多且容易有狀況發生，在無止境的背景資訊下，一來很容易不斷蒐集資訊下去，二來容易用單一危機發生與否來判斷個案的狀況，常常因此失之偏誤，甚至是過度關注自殺（傷）行為，反而很難真的幫助到個案真正的問題。

以上這些細節講起來很具體，但實際發生在真實生活中時，不容易在一開始就明確了解個案是否為邊緣人格。因為他們的表現，不見得有容易觀察的辨識度，尤其更多時候他們傾向在一開始把自己隱藏起來，表現出容易相處的一面。直到相處時間拉長，才會慢慢見識到對方偏執、情緒起伏等特質，這時才會有更多的思考，繼而去辨識邊緣人格的內在真實樣貌。因此，這些都是經驗的累積與敏感度的訓練，一次會比一次更不受他們所擋在外面的干擾物影響，接著穿透外在，直達他們的內心。

助人者的六大基本功

——處理好自己，才有處理他人的能力

最近出現很多與「情緒」相關的詞彙，像情緒寄生、情緒勒索、情緒伴侶等，這裡想跟大家聊的情緒承受度。它指的是在面對情緒時，我們所能負荷的情緒量，而這也是在面對一切情緒時的根本。

求救訊號往往潛藏在強烈字句之中

我曾經聽過類似的話：

「我之前的諮商師跟你做的都不一樣。」

「你這樣講我好難過，我真的都不想活了。」

「我本來很清楚的，跟你談過後我反而更混亂了。」

「諮商為什麼一點幫助都沒有？我還是一樣痛苦跟難受。」

「我覺得你根本一點都不懂我，也幫不了我。」

「諮商師會講這樣的話嗎？你的同理怎麼跟書上的不一樣。」

「我的世界真的不能沒有你，你真的對我幫助好大，完全改善了我的生活。」

在跟邊緣人格夥伴互動時，常常情緒就像是滿出來的水壺，被個案的負面思考或是自怨自艾的黏膩情緒所牽動，一方面要去理解他們的感受及狀態，一方面也知道自己在晤談時有著強烈的感受，包括害怕個案死亡、擔心專業上的無能、畏懼個案的指責與攻擊、逃避個案的憤怒與傷心，甚至是因為個案強烈的稱讚鼓勵而心猿意馬。

就像人跟人之間相處的模式，強烈的情緒常常是我們不習慣也想抗拒的，我們總會不知不覺地希望對話內容能更溫柔、更婉轉，希望換來更好的和諧關係。或者，接受了個案的肯定之後，對於「說真話」就會有很多的顧慮跟歉疚。

我們常常在過程中單純地認識他們所說出的話語，但事實上，不論是攻擊指責、勒索哀求，還是討好稱讚，這些都不是邊緣人格真正想要傳遞的訊息。

他們真正想傳遞的是：

「之前的諮商師對我很好，你能不能也對我好一點？」

「你是不是要拋棄我才說這樣的話？我也要死給你看。」

「你說諮商有用嗎？我不相信你。」

「你對我不好，都不好好聽我講話。」

「我要的是標準答案，你能給我嗎？」

「你一定要陪在我身邊。」

這些話語潛藏在看似激烈的情緒話語之中，既矛盾又掙扎，像是一個幼小靈魂的喃喃自語。當這些看似無害的話語，從他們恐慌又不安的靈魂中吐出來時，就會化成激烈的情緒語言，在我們心上劃下重重的一刀，痛到我們不能不去正視他們的感受。但也因為這樣的痛楚太強烈了，容易讓我們只注意表面的訊息，忽略了激烈情緒下的求助聲音。

所以，談到情緒承受度這件事，真正必須練習的，其實是助人者自己的個人議題與覺察。

接下來的幾個層面與向度，都是在為邊緣人格諮商之前，我們所需要修練的個人基本功。

一、個案有著各式樣貌，挑動助人者的情緒

邊緣人格的類型太多元，很多人因而無法好好認識他們，卡在個案的表面樣貌而模糊焦點，引發自己的各種情緒，以下就各種樣貌進行討論。

・滔滔不絕型

一進到諮商室，不管三七二十一就開始不停地講自己的狀況。他們會東拉西扯，講自己生活中的事情，委屈的、快樂的、負面扭曲的……總之就是整個陷在自己的世界中，大量資訊雜亂無章。但個案真正的需求，其實就是被傾聽、接納，及助人者的陪伴，所以也不是很在意助人者的反應，沒有把事情講清楚的意圖。而在焦點被模糊掉的情況下，助人者會不停地傾聽下去，充滿困惑地在龐大資訊中迷路。

・沉默觀察型

在面對助人者的過程中沉默不語，只給予最低限度的回應，眼神飄忽、不直視；默默觀察與判斷坐在對面的人可不可靠、是否可信，還是會背叛自己。一個焦慮、擔心自己無效能的諮商師，就會不停地要去化解尷尬的場面，試圖一直說話、解釋或是同理個案，但毛躁不穩的行為反而容易讓人無法信任，更加難以建立關係。

・哭訴抱怨、死亡勒索、攻擊型

這是助人者最害怕也最常會碰到的類型。一開始晤談時，他們會拚命地抱怨，甚至每次都痛哭失聲到不能自已，諮商室充斥著悲傷與對外在的無力感，因此也常會談論起自殺、消失等話題，甚至用激烈的口吻去批評、攻擊或傷害別人。他們的情緒起伏之大，我曾在諮商室中，多次被刺激到心悸或是全身僵硬，但仍要保持穩定，否則被個案嚇到或是助人者退讓了，只會換來更多踩界線與要求的行為。

其實個案也不是真的想嚇跑誰，而是期待這些悲傷與難過能有人來同情，就是俗稱的「討拍」，只不過他們的方式比一般人的討拍激烈太多，若沒有一定的情緒承受度是受不了的。

・質疑挑戰型

另一個常見的類型，是拿別人的話來質疑助人者，例如某某老師、輔導師或前一位諮商心理師說了什麼，或是拿一些心理學的專業理論來質疑或討論等。

這類型容易讓沒自信或是新手助人者擔心，自己無法好好面對邊緣人格，然而，他們這些使用心理字眼的質疑與挑戰，其實並非為了讓人敬而遠之，而是希望能夠靠近對面的這位助人者，真正獲得幫助。又或是希望透過質疑，讓助人者投注更多心思在他們身上，一種既充滿懷疑，又想依賴權威者的矛盾情緒。

二、個案概念化

助人者依據某個心理學理論，對案主的問題進行預測和理論假設，再由這個判斷或假設，進一步形成諮詢計畫的雛形，這個過程就是個案概念化。個案的狀況就像一個待我們去探險的謎團或寶藏，而邊緣人格的夥伴雖然核心狀況一樣，但呈現出來的樣貌卻是五花八門，若每個個案都採由上而下模式[7]，用同一種理論去理解，容易失之偏頗，困在盲人摸象的窘境中。

因此，在個案概念化的過程裡，以他們的核心症狀來看（對外的不安全感，混亂、不穩定的自我表徵，不成熟的自我狀態，像是長不大的小孩），其實反而是較容易辨別的。所以多認識人性，拓展自己對人類行為的理解認識，反而是為他們諮商的不二法門。

三、自我調適

從替邊緣人格夥伴諮商開始，說我自己壓力不大是騙人的，因為各式各樣的個案類型，情緒起伏也特別大。飽含猜忌和擔心的諮商關係，總讓助人者疲於奔命，這時身在其中的我，總要提醒自己幾件事情，避免讓自己在助人歷程中過度耗竭。

第一，個案改變的責任永遠在他們自己身上，我們是專業人員，不是他們周

7 心理語言學、認知心理學將讀者理解和學習語言的訊息處理過程，分為由下而上模式（bottom-up model）、由上而下模式（top-down model）與互動模式（interactive model）。由上而下模式與前者相反，是利用原先已有的知識與閱讀經驗做整體思考、建構文意，最後才進行細節的處理分析，容易有先入為主的誤差及偏誤。

遭的朋友、家人或是同事。**不管他的處境如何悲慘，我們能協助的，就是幫他們改變自己，或是適應環境**，而不是施展一個魔法，讓他們諮商完之後就不用去面對問題。

第二，我們的角色雖然是個案的替代性父母，但不是他真正的父母，不需要認為我們一定要去照顧、溫暖、無條件支持個案。除非對個案真的有幫助，不然**過度濫情而毫無理由的溫暖，反而會激起個案的敵意與不安全感，讓助人關係充滿討好與試探。**

第三，**有界線的陪伴是最重要的。**在整個助人歷程中，它包含著穩定、安全感、真實等意義，對個案來說是關係的證據。因為個案對場構[8]挑戰、助人者的試探，代表著確認助人者真正態度的意涵，例如：他的底線在哪裡？會不會因此而生氣？真的會包容我嗎？是否會拋棄我？講的話可靠嗎？是真心話，還是場面話？這些都是個案為了在踩助人者界線的過程中，看見一個人的樣貌跟手段的方式，要在這種被逼急的試探狀況下，個案才會相信助人者。所以，不能因為這些手段而傷心、動搖，那會因小失大的。我們需要的，就是確定自己所要做的角色，以展現真實但不傷害對方的回應介入，才能真正幫助對方。

四、時間的規畫與感受

在討論助人工作時，近代推崇的，都是短期治療模式，也就是短至四次，長頂多十二次的晤談樣貌。當然短期模式有它的好處，包括見效快又經濟、需要時間短、改變導向等；但也有它的侷限性，像是無法處理深入的問題，容易因為外在環境改變而失去效果，也較難改變個案根深蒂固的問題等。

邊緣人格夥伴需被幫助的地方有三：一，重新建立對外界的安全感；二，恢復對人的信任；三，自我概念的認同與成長。三者都需要時間，才能建立穩定的關係來發展安全感與信任感。

在我自己的經驗裡，成功的案子都在諮商歷程走了一年以上。心理諮商必須是一個歷程，而不是一個單次有效的經驗。而這種陪伴個案走過生命旅程的時間

8 場構即場面構成，指諮商師在諮商的任何階段，透過一些言語，讓個案知道有關諮商的歷程或結果的相關資訊，包括：晤談的時間、次數、收費方式，還有確認諮商的目標、個案的需求等等。

概念，在很多新手諮商師或不熟悉邊緣人格的助人者中，容易因為急切想提供幫助而被忽略。

五、分辨個案的扭曲，不害怕衝突

邊緣型夥伴在成長過程中，多少都帶著傷口長大，跟大部分人不同的是，他們特別敏感的心，會讓他們為了避免受傷而先入為主地將訊息扭曲，往負面解讀。這件事沒有所謂的好壞，只是在諮商中，會有很多帶著猜忌、惡意、傷害性的想像，透過他們的話語，外界或助人者所得到的資訊常會被詮釋得面目全非。

因此，**助人者必須要有勇氣去面對個案的扭曲，也要有足夠智慧去看清楚被個案負面解讀的世界觀。**甚至，當個案激烈地質疑、想要起衝突時，助人者也要不動如山。如此才能在諮商過程中，帶個案去認識他人的想法，看到這些黑暗面背後的動機與真實狀況，認識世界的灰色地帶，讓他了解這也許不是一個完美的大同世界，但絕不會是他眼中的人間地獄。

六、一開始過度同理個案

最後，則是助人者最大的困難，就是過度討好型的個案。因為個案的狀況時好時壞，助人者若在一開始的同理中，給了個案很大的支持與溫暖，案主會將這段關係視為一種奇蹟，將他對美好世界的幻想與憧憬，一股腦地全放在助人者身上，進而將助人者視為拯救者、照顧者，甚至產生強烈的愛戀與孺慕之情。

當案主完全忽略外界訊息與對方感受時，除了會有很多討好的語言與依賴心，希望助人者完完全全當一個好的照顧者，好好呵護、照顧他之外，也會完全不允許任何可能破壞這種憧憬的行為。所以，當助人者要設界線、保持距離時，就會迎來排山倒海的情緒勒索或攻擊語言，他們的目的就是希望助人者繼續當自己的好媽媽／爸爸。

助人者若沒有一開始就發現個案的行為，反而沉浸在自己被個案需要、在乎、稱讚諮商成效的情境裡，整個助人歷程就會異常地詭異：助人者一直被稱讚、肯定，但是個案的生活完全沒有改變，情緒上卻相當好。這時，助人者已被個案的討好限制住，而不得不變成他的情緒伴侶。

***

以上六項助人者的基本功，是我在諮商過程中，慢慢整理與累積出來的慘痛經驗。幾乎每一項都跟助人者的個人議題與成長經驗有關，都是無法逃避或忽略的功課。

一開始工作時，我看到很多把助人技巧看得比個人態度和精神還重要的專業夥伴，常常會在邊緣人格身上犯下各式各樣的錯誤，把自己撞得頭破血流，還不知道問題出在哪裡，甚至自己的心情與狀態也因此被牽動、不穩定，生活變得相當慘。寫出這篇，就是希望透過拋磚引玉的動作，讓有志於為邊緣人格諮商的專業夥伴，知道如何穩住自己、理解他們，而不要一起陷在他們的悲慘世界中。

專業訓練的限制
——你面對的是人，而非一個問題或症狀

到底如何治療？

邊緣型人格疾患在醫院所接受的治療，通常模式會有兩種。

一種是個案自行就醫，或在家人、朋友協助下就醫，因為強烈的負面情緒與低潮，甚至有想要自殺、傷人的想法，最嚴重時會產生解離、失憶的狀況，最後

選擇服藥治療的介入方式。另一種是個案因為一些自殺、傷人、歇斯底里等狀況而被強制送醫，需要住院、打針，甚至是穿上束縛衣，很多時候讓人感覺不是那麼舒服或溫暖。但這也是沒辦法中的辦法，因為對醫院來說，邊緣型人格疾患在發病時，會失去理智，出現很多誇張與極端的行為，傷害自己或攻擊別人。所以只能用強制的手段，讓他們冷靜或鎮靜下來，避免有人受傷。

至於到底要怎麼治療這樣的疾病，其實國內外並沒有實質被證明有效且明確的做法。而一些被證明有效的方式，諸如心理動力取向、辯證性行為治療、人際關係取向或是整合取向、認知行為取向，其實各界說法不一。

舉辯證行為治療為例，它是唯一有經過臨床實驗證明的治療方式，基本上包含認知行為治療、靜心正念練習、電話聯繫與個別或團體技巧訓練。但實驗中的「有效」，指的都是焦慮或自殺行為減少，一年內與接受其他類治療或沒接受治療的對照組病人有差異，至於如何產生差異，其中的有效因子為何，或是這樣的成效到底是「症狀減少」，還是真正有「治療效果」，還沒有明確的定論。甚至追蹤後續結果，經過半年到一年左右的時間，症狀又回來了。而且，再深究其實驗過程，其實也並非是單一做法，而是幾乎綜合了團體、個別、追蹤等多元方式，才能對個案有幫助。這也變相地指出了，我們需要更完整的了解跟多方面的介入。

傳統療法的限制

為什麼傳統在處理邊緣型人格疾患上相對困難呢？因為我們對邊緣人格其實並沒有太多的實質了解，普遍是用一種負面、失去掌控的病患概念，或是用理論的解釋去看待他們。

在精神科醫師的基本訓練裡，其實並沒有很完整、全面地去討論相關的疾病內涵（因為需要太多時間），而是以行為指標作為診斷標準，再加上藥理觀與心理學理論，但這會造成我們只看到這些夥伴外在的偏差問題，或是刻板的自我傷害模式。而用理論去解釋人的問題，也不會看到造成這些困難的背後原因、當事人的生活或其原生家庭的真正樣子。

而在心理師的訓練裡，除了DSM-V的診斷標準外，我們學到的是用理論去分析跟討論晤談的狀況，同樣也缺少對其家庭背景、成因或是系統觀的完整理解。與其說是學會怎麼幫助他們，不如說是我們想像了一個疾病，而這些人的外在、談話的樣子符合這個疾病的症狀，於是我們用我們的眼光，一個很個人、很專業經驗的方式，去粗魯地套在他們身上——我們正以一種去人性化的角度，來看待這些無法適應社會的人。

更甚者，這些人天天都生活在我們的華人文化跟生活周遭，但是我們所學的心理學專業訓練，基本上都是用一種理智、抽離的概念，告訴我們這些夥伴的樣子叫「生病」。問題是，我們天天在跟邊緣人格的夥伴相處啊，用這些症狀描述他們，會不會太過抽離或太過特殊化，特殊到我們畏之如虎、懼如蛇蠍？

簡而言之，我將這樣的情形稱為生命經驗的差異。

因為老實說，很多人的生命經驗中，缺乏能力去對不同的狀況做想像，所以無法理解特質脆弱的、在悲苦環境下成長的人，究竟會在現實環境的逼迫下做出什麼選擇，也對於那些失控、誇張的行為感到恐懼與害怕。殊不知，這些人早就存在我們的周遭，只是完全帶著與我們不同的眼光生活在社會裡。

從戲劇看邊緣人格

舉一個例子，應該有不少人看過《犀利人妻》，在一邊觀看，一邊對劇中飾演表妹小三的黎薇恩感到憤怒，認為這就是典型壞女人的同時，你有意識到這位看似天真活潑的小女生，內心其實是個神經質的刺蝟，也就是所謂的邊緣人格嗎？

她因內心的空虛、不安，為了在新環境中，努力讓自己適應、生存下來，愛上不該愛的姊夫溫瑞凡，並發展成外遇關係。她真心期待自己有個像姊姊一樣幸福的家，但不管瑞凡付出再多、對她再好，她對這段感情仍充滿不安與猜疑，於是他們的關係在這樣充滿矛盾的內在困頓中無疾而終。直到最後，她仍覺得自己才是受傷的人，選擇離開這個她曾經拚了命也要愛的人。

像這樣的角色放在戲劇中，我們不會覺得有任何違和感，因為誇張的戲劇效果是觀眾喜愛、認同的。但這樣的人，其實是我們在現實生活都會遇到的：敢愛敢恨、行為引人注目，沒狀況時我們甚至不知道她有問題及困難，只覺得有些行為舉止怪怪的，直到他們不停在自我傷害的過程中也傷害了別人，我們可能才會發現，他們的特別。

再舉一個例子。

《後宮甄嬛傳》雖然是一部架空小說，但它完整地描述了一個人對於生活的美好想像、憧憬到被現實——女人擁有一個完美的另一半，漸漸把一切都化為功利導向、生存遊戲、競爭而成為後宮霸主，一個為了生存而被迫不擇手段的人。

甄嬛轉變成最後的樣子時，我們彷彿能從裡面看到邊緣人格的病因與成長經歷。想像一下，假如甄嬛最後能脫離宮裡，回到原本的環境中，會不會她已經適應了勾心鬥角的後宮，反而無法適應那個普通、溫和與安全的一般環境呢？

累積生命經驗，打開同理之門

當我們用所謂的臨床症狀來解釋時，有憂鬱、緊張、幻覺等現象的薇恩，很有可能會被診斷成憂鬱症、焦慮症或是思覺失調症。而回到一般環境的甄嬛，處處神經緊張、高敏感的她，生活中總是時刻警覺，連睡覺都有問題，八成也會被判斷有精神疾病。

只有當我們以一個人的全貌（生命經歷的系統觀）去看他們時，才能理解生命中的苦。也才能明白如何伸出手去支撐這種辛苦，讓他們有機會喘息，甚至看到改變的可能。

很多時候，我們比較熟悉的是面對症狀、處理問題，而不一定能夠真正貼近眼前這個活生生的人，去想像發生在對方身上的苦痛是如何日復一日地侵蝕著他們的肉體與靈魂。對他們而言，痛苦可以像受詛咒般，在生命裡不斷輪迴。

一般來說，助人者通常有一定的社經地位，接受的教育水準較高，生活相對是穩定且幸福快樂的。雖然不見得沒吃苦過，但是身處在一個有資源、專業框架穩定的環境中，要去理解非同溫層的觀念與想法，需要一定的努力。

所以，生命經驗的限制若要透過專業訓練來克服，其實有很多的困難。一方面需要個人願意跨出舒適圈，去累積更多對人事物的體會與看法；另一方面，也需要有實際接案經驗的督導，來增加我們對邊緣人格個案之生命處境的理解與想像，拓展我們的思考和體會。否則，當個案在聊自己的生活時，那種強烈的失落、無法言說的猜忌、家庭內的互相傷害，常常會讓我們在個人眼界中迷失。說到底，助人者會否被侷限，取決於我們自己累積的生命厚度。

心理治療四階段

——建立友善關係，重建安全感

為邊緣人格夥伴諮商的這段時間以來，我試過各式各樣的取向跟方法，也聽過眾多前輩的工作坊和講座，比較、嘗試過不同介入的效果，但感覺都不得其門而入。

我一直在思考，到底問題出在哪裡？什麼才是對他們有幫助的呢？

最後，我從和這類型家人、朋友相處的親身經歷中，整理了三十多年來的生活與我十年的實務經驗，我覺得真正能夠協助他們的，是所謂真實關係的矯正性經驗，也就是所謂的人際取向。

用實際的情形來看，邊緣人格的嚴重狀況是一個連續的向度，在與人的關係互動上，分有輕度、中度、重度三種程度。

解析輕、中、重度邊緣人格

・輕度邊緣型

一般來說，假如有重要他人（家人、好友、伴侶）的支持，他們普遍情緒穩定，會尋求更多親密關係中的依附及交流，焦慮情況相對較少。但一來想要更多親密感，二來更害怕失去，會讓他們太在乎關係，反而放不下。因為擔心關係出問題、被拋棄，狀態時好時壞，動輒得咎。

這種狀態在我們周遭最多，不需要去看精神科或醫師，不讓人覺得突兀，頂多有點偏執、控制狂跟情緒化，成為我們生活日常的一部分。

·中度邊緣型

很可惜地，這類狀態通常都發生在與關係中的重要人物起衝突或失落中，時間延續可長可短。此時會出現憤怒情緒、不停抱怨、報復與操控行為，對生命充滿無價值與空虛感，不知道為什麼要活著，這時就會有目的性地傷害自己或他人，也會嘗試貶低或操控重要他人，以因應被拋棄或拒絕的恐懼。

在這時期，情緒不穩定的高低起伏特別明顯，間接攻擊、自殺威脅、精神虐待、情緒勒索等都會頻繁發生。人際這時會出現嚴重狀況，也是這類人向外求助的高峰期，尋求就醫、心理治療或諮商都有，但往往很難穩定就診，常常助人者一不如個案的意（不夠專業、不夠溫暖、不夠懂我、不夠好看、不夠體諒、不夠開放、不夠真誠、不夠便宜、不夠方便等），就會立刻結束關係。但不久後可能又再回鍋，也是我們常說的「SHOPPING型」個案。

事實上，他們不覺得自己有病或有大問題，他們只想要改變別人，也希望從助人者身上得到認同，或是期待有人能給他一個特效藥，讓他可以很快停止內心的焦慮不安。

・重度邊緣型

這是最嚴重的，完全符合DSM-V對邊緣型人格疾患的疾病診斷，是完全缺乏或失去重要他人的狀態，會很極端地抓住每段可能的關係。

最常見的，就是與助人者的關係，對治療關係有很多的期待、猜忌跟想像。出現衝動、恐慌、去個人化或去真實化等現象，有時有解離或妄想等短期精神症狀，容易出現自殺、傷人、說謊等極端行為，以減輕死亡與空虛的焦慮感。

我們常說的危險情人，就屬於這個狀態。

處於這狀態的人在行為上有危險性，對自己或是他人會造成傷害，有時候甚至造成死亡，因此會頻繁進出警局或被強制住院，急性病房與自殺名單上常常可以看到他們。也是我們常在社會新聞案件中容易見到的情殺事件主角。

他們的殺害行為是想報復對方，因為一直沉浸在自己被傷害的情緒裡，完全進入歇斯底里、無法思考的狀態。

這三個不同的程度，都跟當事人與他人的關係品質有關，可見關係對他們的影響之大。那為什麼真實關係又對邊緣人格有幫助呢？我想引用一位美國牧師的話來說明：

"You may be deceived if you trust too much, but you will live in torment if you don't trust enough."——Frank Crane

（如果你過於信任，可能會被欺騙；但如果你缺乏信任，則會被痛苦折磨。）

對於這些夥伴，我們可以感受到，他們內心其實很想要與人靠近，只是因為家庭或是成長經歷，他們缺乏能放心信任的成人給予依靠。兒時不停被傷害、拋棄或忽略的過往，讓他們在心裡不停地重複著：「人是不值得信任的。」即使他們心裡感性的那面很想要擁有一段關係，但是腦中理性的部分，總是一直在提醒他們：不要輕易相信別人，不要讓自己再受傷。就如牧師所說，缺乏信任時，人會被無法言喻的痛苦折磨，不知道自己為何而生，不知道活著的意義與價值何在。那種「全世界只有自己」的孤獨感，正不停地折磨著這類型的夥伴。

人畢竟是群體的動物，我們都需要在社會中擁有歸屬感、生存下來，假如對於周遭一直充滿著危險、恐怖、不安的想像，加上個人的孤獨、空虛感，自然會變成一個情緒起伏大、跟人關係忽遠忽近，甚至常把自殺當成勒索別人手段的病人了。

因此，**心理治療的歷程，就是克服恐懼，重建相信人的旅程，進而建立起新的關係**。至於如何重建安全感、信任感，不管在專業上或是一般相處，都有很多需要面對的問題，大致可分為四個階段。

第一階段：處理個案的抗拒，建立關係

處理抗拒，其實就是面對恐懼。跟邊緣人格夥伴初次見面，常常是我非常慎重、認真對待的一件事，因為初次見面，大家在陌生的環境下，最容易產生的感覺就是陌生與害怕，而這本來就是他們內心最多的感覺。這時他們會很快速地把對周遭環境或是成長經驗中認識的人的樣子，投射到助人者身上，帶進諮商關係裡，像是：

「你就是跟某某一樣想挑戰我。」

「你八成跟我朋友一樣，不會好好聽我講話。」

「我不知道，我不清楚，我不確定，你到底想要幹麼？」

「老師你好棒，你好了解我。如果諮商結束了，我怎麼辦？」

這些語言充滿了很多的想像空間，來得又快又複雜，常常讓助人者一開始就被擋在外面，不得其門而入，只能被個案的錯誤人際模式牽著走。

身為希望與個案建立關係的助人者，看懂對方恐懼、排斥的原因是很重要的，也就是前文提過的「個案概念化」。**知道對方究竟為何在關係裡既疏離又黏膩，才能讓對方漸漸卸下心防。因為我們要處理對方的抗拒，也就是任何會阻止個案投入諮商的原因。**

你可能會覺得有點莫名其妙，明明是個案自己來諮商的，為什麼他還會拒絕投入呢？

其實我們在談的是，**個案在諮商時，保持他在其他關係的問題模式——懷疑、拒絕或是勒索別人。**

這些行為會讓個案一再出現在他自己的循環中，投入關係↓懷疑↓試圖掌控↓

衝突→結束關係，但實際上並沒有真的活在當下，而是在他自己的世界裡。

另外，除了負面行為，還有一種案主常用的方式，就是吸引別人的關注、討好別人。討好別人是為了讓他找到一個依靠，免除被拋棄的恐懼；吸引別人關注則是不管好壞的吸引，只要別人還注意他，就能讓他有存在感，能夠抵擋外在變化的焦慮。

面對這些不同的外在行為，但內在一致的恐懼跟擔心，我們需要坦白地跟個案討論他們所用的問題模式與內心感受，**讓他們知道，不管變動再多，我們都是穩定而沒有要改變的；對於他的試探與踩界線，我們也不會妥協。**只有兩人愈來愈坦誠地說出真實感受，這樣的歷程才能幫助個案。

第二階段：宣洩情緒與同理

當我們建立了初步的信任感，突破個案的恐懼後，接著就要去看他從小面對的問題與困難。關鍵是案主在遇到生活壓力與困難後，能否想辦法抒解，還是會變成無法理解的疤痕，一直在生活中無形地影響著——也就是潛藏在他們心中的內在負面情緒。

這時，助人者的工作，就是陪著他去同理、感受，去宣洩心中的感受與痛苦，進而建立起更深厚的連結。很多時候，覺察情緒對人是很有幫助的，因為了解情緒的來龍去脈，就有辦法去處理、面對自己的糾結與矛盾。剩下該做的，就是活在當下，解決問題，改善困擾。

第三階段：面對過往焦慮與傷痛的歷程

但我在實務上發現，問題的源頭與處理過往傷痛，其實是不一樣的，有時候知道愈多，看得愈清楚，痛苦就愈深刻，無力與無奈感也就愈明顯。強烈的負向經驗更是如此，而這也是單純溫暖陪伴的模式，如個人中心治療，對邊緣人格夥伴無效的原因（Lisa Liebke, 2018）。

邊緣人格的痛苦是由關係中的疏離、操控、拒絕、傷害所產生，所以協助工作

必須從處理人的關係開始，也就是透過與助人者的關係，重新相信人，而不只是溫暖的陪伴。

那麼，要如何從關係中去處理情緒或是傷痛呢？在人際歷程取向治療（Interpersonal Process in Therapy, IP）裡有提到，有時一個人面對情緒太沉重，重到我們完全動彈不得，必須要擁有一個人的陪伴與支持，才能較勇敢地聚焦內在深層情緒裡，去看內心淌血的疤痕，看傷口不停告訴我們的過往痛楚；透過另外一個我們所信任的人，一起重新看待過往與創造新的意義、觀點與力量，最後才能跳脫出那個傷害你的關係。因此，過程裡面會發生很多的事情。

讓我們來看一段對話。

筱蘭憤怒地看著我。

「你到底知不知道這些都是我家人的問題！」她激動地說。

「我知道的，這些都好痛苦跟傷心，他們深深地傷害了你。」我慢慢回答。

「對，但你還在幫他們說話。」筱蘭好像從內心深深地吐出這句話。

我沉默了一陣子。

「但最後，你也變成了這些問題的一部分。」我說。

我深吸一口氣，繼續解釋：「我沒在幫他們說話，我只想讓你知道，再繼續下去，你只會跟他們愈來愈像。」

「你講話一定要這麼難聽嗎？就不能說點好聽的？」筱蘭情緒低落了下來。

「真抱歉。」我說。

「這些根本就不是我應該承受的，沒人懂我的感覺。」筱蘭開始哭泣。

「對，沒有人應該承受這些事，我也沒辦法真的懂你，但我們真的不用一直活在這些痛苦中，變得好像懲罰你自己。畢竟，我們沒辦法選擇家人。」說到最後一句，我加強了口氣。

「對，我根本沒有選擇權。都是他們在說、在做，我只能被動接受，我恨，我好恨他們。」筱蘭大哭。

我看著筱蘭哭泣，點頭回應，目光一直沒有從她臉上移開，等待她情緒緩和一點。

「那我們，不要因為他們的錯而處罰自己，好嗎？」我緩緩地說。

「我可以嗎？」筱蘭問得像是一個孩子。

「我想，每個人都可以，這就是我們在這裡的原因。」我看著筱蘭說。

上面這段對話裡，包含了個案對助人者過度美好想像的破滅，彼此分享真實感受但又不傷害對方，回饋對彼此觀點、意見不同的失望，及指出個案重複惡性循環的行為，但又能理解她的苦衷等。

助人者需要細膩而尊重地面對個案的生命痛苦，雖然過程有衝突、面質、緊張，但又不會把關係毀滅掉，讓自己成為關係中的一分子，一起面對、一起承擔、一起思考。

我曾聽過一句類似的話：「在關係中，分擔的痛苦是減半的，分享的快樂是加倍的。」這大概就是為什麼在面對人生的黑暗面時，總是要透過關係來處理。

第四階段：找回真正的自我

當人真正面對內心的傷痛後，就會產生想真正為自己而活的動力，因為屏除了一些負向循環的行為模式，也懂得在某些外在、關係的焦慮中，適時安撫自己，並開始想把重心拉回到這些問題：我到底要什麼？我是誰？我想變成什麼樣子？跟以往自我中心地依賴、任性不同，這時的需求更為成熟、更放眼未來且理想，也會追尋某些深層的意義與交流。

邊緣人格的敏感，讓他們很難忍受孤單，也很難自我陪伴。他們需要找到屬於自我的價值與意義，才能在生活中活出更完整的自己。下面幾點是他們需要努力的：

1. 重新看待自己的人際關係，明白過去自己所造成的負面影響。

2. 理解自己的家庭背景，停止憤怒。接受它，但不一定要原諒它。

3. 重新找回自己的興趣、熱情，像是運動或是團體體驗。

4. 在工作或是未來的人生規畫上有新的想法。

以上四點包含了人際、家庭、自我、生涯等面向，能在個案改變心態後，重新審視自己。當他們慢慢在這四個面向中找回信心與勇氣，人生便有了重心與意義。雖然不安與焦慮依然存在，但已經不會再影響他們，能夠重新相信人、愛人，也重新接納自己真正的樣子。當一個人能付出關愛時，象徵他也能充分照顧自己，心理問題就不會再造成困擾。

然而，並不是每個助人者都能跟個案一直長時間走下去，直到走完四個階段。這之中有很多原因與需要注意的關鍵，像是能不能面對與個案之間的衝突，甚至是他直接或間接的攻擊與傷害。

當他把美好想像加注在你身上，你必須表現出最真實的樣子。讓他看清楚，你不是他生命裡幻想出來的天使。你就是你，如此才能讓案主跳脫出過往的生命腳本，在關係中創造新的劇本。

＊＊＊

很幸運地，我陪伴不少夥伴走完這四個階段。下一節，我想分享我結案的感受與經驗。

諮商關係結束

——結案是給他獨立成長的機會

關於心理諮商，大眾充滿無限想像，特別是晤談康復後的美好結案。

結案對很多助人者來說，是一個道別與祝福，是一個美好旅程的結束，但對邊緣人格來說，反而可能是一個被拋棄的過程。

經歷了兩年多的諮商，筱蘭走出了內心的悲傷，有了自己新的生活與價值，也到了我們說好的關係結束的日子。

筱蘭凝視了我好一會兒，直盯著看，欲言又止。

「你知道，我會過得很好吧！」她有點遲疑地說。

「我當然相信你會。」看著筱蘭的眼睛，我肯定地回答。

「我會非常想念你的，跟這段諮商關係。」她說。

「當然，你忘了的話我會傷心的，這段時間可是相當不容易。」我笑著說。

「啊，我雖然哭，其實我很高興。」筱蘭一邊哭，一邊笑著說。

「我知道，我跟你一樣，都很為彼此的珍惜高興。我祝福你在未來的生活裡，一直都記得這種被在乎的感覺。」我認真且堅定地說。

「再見了。雖然擔心離開這裡後，不會再有這樣的好經驗，但是這段回憶讓我勇敢，讓我知道我值得被愛。哭，是因為開心吧，雖然裡面夾雜著傷感。」筱蘭哭著說。

「保重。有需要的話，隨時歡迎你回來看我。」

「我知道，再見。」筱蘭最後說。

後來，我們又約了幾次單次的晤談，筱蘭的狀況愈來愈好，之後也漸漸沒有她的消息。

謹慎結束諮商關係

從一開始，我們就在面對一個對於「生病」的交互想像：個案感受著自己的空虛、焦慮、恐慌與衝突，助人者則面對案主接著產生的各種自我保護行為：猜忌、攻擊、拚命抱怨。在諮商過程中，個案會不斷有新的期待產生：「我好了沒？」「助人者能不能給我一個『方法』，讓我變好？」「每次談完，那個效果到底有沒有出現？」

如果你對我們前面所談的還有印象，你會知道，這是一段漫長的旅途，需要長時間的努力，才能填補他們所缺乏的安全感與「內心意義的空洞」。

這不是專家給出一個方法就會短時間見效的事情，而是需要慢慢前行，讓兩人間的關係變成一個重要價值，也漸漸在個案心中產生意義與重量。

因此，我們必須小心地去面對關係的結束，因為這可能是個案在生命中，第一次讓關係結束在美好的祝福中，是一個有意義的里程碑。

給予案主好關係與安全感是我們最重要的目標，這能讓案主得到對他們有幫助的矯正性情緒經驗，用不同的角度去拓展他們對人性、世界的想法，進而追尋屬於他們的意義與價值。

結案的功課

針對關係的分離，有幾件事情是最後結案時，要與個案一同完成的：

- **討論這段時間以來，兩人關係與案主的改變。**
- **對負向循環的再次提醒或是覺察。**
- **對找到的自我價值再次給予鼓勵。**
- **回饋彼此對於關係的在乎與肯定。**
- **承諾關係不會因為結束而消失。**
- **結案後，關係的改變與預期。**
- **對未來的祝福與放手。**

謹記治療的主要目標，不是在短期內改變個案的人格模式，而是幫助個案尋求與其人格特點衝突較小的生活模式。

如此，便能減少個案因為與周圍環境衝突而產生的痛苦，也減少個案給周圍環境帶來的麻煩。

若處理得當，隨著時間推演，治療關係帶來的正向力量會讓個案在人格上的某些異常狀態慢慢恢復，進而追尋個人意義。因此，**結束諮商關係時，我們要努力讓這些經驗繼續留在個案的意識當中，讓他們有勇氣學習獨立，以成熟的方式與他人建立關係，而不是死命地拉著誰。**

同時，也要讓個案明白，即使諮商關係結束了，諮商師也願意在他有諮商需求時，視情況進行一、兩次的諮商，或是重啟諮商的歷程。

曲終

透過這本書，我期望讓大眾對邊緣人格有更多新的了解，而不單單是用病理觀與標籤化模式來對待他們。因為事實上，這是一個詭譎多變的年代，資訊爆炸造就了社會與家庭從穩定趨向瓦解的現象。人們刻意地在乎表面現象，背後所隱含的是內在更深層的不安與恐懼。

過去因為不了解精神疾病，付出了許多社會代價，精神疾病遭遇到不公平的對待方式、不斷被汙名化，所在多有。直到現在，仍有許多重大社會事件，在新聞、名嘴節目的有意報導下，使得精神疾病患者被冠上「恐怖殺人魔」的負面形象。大眾只看見表面離經叛道的犯罪行為，很難真正看到他們身上背負的沉重人生。其實精神疾病患者很多是長期身處不好且充滿壓力的環境，導致病情反覆發作。

遺憾的是，病患對於自己生病這件事通常是無病識感的，如果身邊的家屬或朋友沒有正確的觀念能協助他們，常常會延誤就醫，使得病情持續惡化。最常見的，就是拒絕接受正規醫療，轉而求助宗教或是民俗療法，直到最後狀況愈來愈嚴重，失控並傷害了身旁的人，造成沉痛的代價。

更進一步地說，現今文化讓人們之間變得陌生，互動關係成為更疏離的邊緣社會。大量且多變的資訊管道，反而增加了人們生活上的空虛感與焦慮感。而家庭觀也正在解構當中，年輕族群願意組織家庭的人數大幅下降，人際相處的問題似乎成為最嚴重的人生議題，憤青、厭世的態度像病毒般滋生，整個社會充滿困惑……

我希望拋磚引玉，讓大家重新用一個帶著人性關懷的觀點，去看待這群內心充滿掙扎，正在痛苦與困惑中的夥伴。一來，去除人們因為過度的病理觀而對就醫產生的擔心與害怕；二來，讓更多人重新用人性的本質、存在的角度，去將心比心地理解他們，搞清楚他們真正需要的幫助與困難。誠然，討論邊緣人格的理論已經多不勝數，但我希望以一個身在其中的家人、朋友的角度，一個更為大眾化的觀點，好好理順這些打結的人生樣貌。

這幾年我在專業發展中，開設了許多相關的專業課程，期望藉由課程的內容分享，讓其他助人專業者對於邊緣人格有一些新的觀點，以及有效的協助技術。與此同時，因緣際會下，我也得到許多他人很棒的回饋，給了我很多收穫。

我期待未來有機會可以結合更多的資源與協助管道，我深信在邊緣人格的協助裡，長期而穩定的陪伴關係，可以在許多不同領域的專業角色共同合作下，更顯效果。事實上，我處理過幾個特別重症的個案，也確實在長期的系統合作中，達到理想、穩定的狀態。但相對地，若是系統中有一、兩個環節對邊緣人格充滿誤解，在協助上常常反而事倍功半，這時大部分的時間都花在系統溝通上。

這本書除了給專業人士許多治療上的建議，我也非常期待邊緣人格的讀者與其家人，可以透過本書的描述，有多一些了解與覺察，相信自己或家人有能力讓生活不再惡性循環，也嘗試著用新的觀點看待過往的生命，重新相信自己與他人的連結。

焦慮與不安可以用很多方式降低、處理，它其實就是我們生命的一部分，即使無法擺脫，但可以學習與之共處，找到兩者之間的平衡。更重要的是，這種焦慮、不安是會透過家庭經驗延續的，我希望這樣的辛苦在我們這一代就想辦法解決，不要讓它變成家族的傳承，延續到孩子的人生。

如果你是因為身邊有邊緣人格的親朋好友而閱讀此書，那麼我衷心地想給你一個擁抱。謝謝你一直不離不棄地陪伴著他們，這絕對是一個艱辛的過程，我想告訴你的是，你並不孤單。跟你一樣，我也正經歷著這樣的過程，我希望在書中你能看到如何與他們相處的重點，這本書對你來說可能很不好讀，也希望你不要被我舉出的一些例子驚嚇到。如果仍有疑問，很歡迎你來信告訴我。

＊＊＊

我不是一個會好好把文字記錄下來的人，而是一個不停接案、督導，一心做助人工作的心理師。工作的前面幾年，都在接案、教學、討論個案中度過，可能也是因為這樣，我累積了相當多的實務經驗。在寶瓶的總編亞君找我之前，我想我應該是不會出書的人。但，這本書誕生了，就在她提醒我要寫書的無數個臉書訊息中，一點一點寫出來了，很感謝這段旅程（煎熬?!）與亞君的大力支持，希望這本書對社會是有意義的。

這本書累積了我十幾年的人生經驗及助人生涯。我身邊有著一直陪在我身邊的另外一半，很慶幸她也是助人工作者，陪著我一起思考、討論（兩人常無意識進入開會狀態），給了我相當多的建議及回饋，也讓我知道把經驗寫下來有多重要。沒有她，這本書無法完成。

最後，我知道一路上受到了很多人的幫助，編輯、學生，甚至是個案充滿信任的分享，我心裡充滿感恩，也知道自己其實還有很多需要努力的地方。我們都在面對這個社會的激烈動盪，也努力安定自己。我想讓大家知道，其實希望一直都在，只需要一個好的關係帶著我們，我們就有勇氣好好克服這個充滿危險、彼此傷害的外在環境。

國家圖書館預行編目資料

邊緣人格——以愛為名的控制，被恐懼綁架的人生 / 李訓維著. -- 初版. -- 臺北市 : 寶瓶文化, 2019.06
面 ; 公分. -- (Vision ; 179)
ISBN 978-986-406-136-5(平裝)
1.邊緣型人格 2.心理治療 3.心理諮商

178.3 108008630

寶瓶 AQUARIUS

Vision 179

邊緣人格——以愛為名的控制，被恐懼綁架的人生

作者／李訓維

發行人／張寶琴
社長兼總編輯／朱亞君
副總編輯／張純玲
資深編輯／丁慧瑋　編輯／林婕伃
美術主編／林慧雯
校對／林婕伃・劉素芬・陳佩伶・李訓維
營銷部主任／林歆婕　業務專員／林裕翔　企劃專員／李祉萱
財務／莊玉萍
出版者／寶瓶文化事業股份有限公司
地址／台北市110信義區基隆路一段180號8樓
電話／(02)27494988　傳真／(02)27495072
郵政劃撥／19446403　寶瓶文化事業股份有限公司
印刷廠／世和印製企業有限公司
總經銷／大和書報圖書股份有限公司　電話／(02)89902588
地址／新北市新莊區五工五路2號　傳真／(02)22997900
E-mail／aquarius@udngroup.com

法律顧問／理律法律事務所陳長文律師、蔣大中律師
如有破損或裝訂錯誤，請寄回本公司更換
著作完成日期／二〇一九年四月
初版一刷日期／二〇一九年六月二十八日
初版五刷+日期／二〇二三年九月二十二日
ISBN／978-986-406-136-5
定價／三一〇元

AQUARIUS 寶瓶文化事業

愛書人卡

感謝您熱心的為我們填寫，
對您的意見，我們會認真的加以參考，
希望寶瓶文化推出的每一本書，都能得到您的肯定與永遠的支持。

系列：Vision 179　書名：邊緣人格——以愛為名的控制，被恐懼綁架的人生

1. 姓名：__________　性別：□男　□女

2. 生日：____年____月____日

3. 教育程度：□大學以上　□大學　□專科　□高中、高職　□高中職以下

4. 職業：__________

5. 聯絡地址：______________________________

聯絡電話：__________　手機：__________

6. E-mail信箱：____________________

□同意　□不同意　免費獲得寶瓶文化叢書訊息

7. 購買日期：____ 年 ____ 月 ____日

8. 您得知本書的管道：□報紙／雜誌　□電視／電台　□親友介紹　□逛書店　□網路　□傳單／海報　□廣告　□其他

9. 您在哪裡買到本書：□書店，店名__________　□劃撥　□現場活動　□贈書　□網路購書，網站名稱：__________　□其他__________

10. 對本書的建議：（請填代號　1. 滿意　2. 尚可　3. 再改進，請提供意見）

內容：______________

封面：______________

編排：______________

其他：______________

綜合意見：______________________________

11. 希望我們未來出版哪一類的書籍：______________________

讓文字與書寫的聲音大鳴大放

寶瓶文化事業股份有限公司

（請沿此虛線剪下）

廣 告 回 函
北區郵政管理局登記
證北台字15345號
免貼郵票

寶瓶文化事業股份有限公司 收

110台北市信義區基隆路一段180號8樓

8F,180 KEELUNG RD.,SEC.1,

TAIPEI.(110)TAIWAN R.O.C.

（請沿虛線對折後寄回，或傳真至02-27495072。謝謝）